動作療法の治療過程

成瀬悟策 編著

金剛出版

はじめに

　この本はからだを動かすことを通してこころの不調を変化させようとするごく新しい心理療法の進め方を，実際の治療過程に沿って提唱，解説したものである。

　現行の心理療法といえば元々が欧米に発達した方法を取り入れたものだから，初めからこころのレベルだけで治療しようとする。なぜなら欧米では言葉をたいへん重要なものとする哲学が基礎だから，物事を考えるのにまず言葉から始める。心理療法でもそれは変わらない。言葉なりイメージなりをその技法の基礎に置いて，論理的な思考の落ち着くところ，あるいは理解，納得するまでを進めようとする。それに対して，東洋では，ひとの活動をこころとからだとの一体的，相互調和的な活動として捉えるので，健康や病気を考えるのにも，こころだけの問題とする西欧に対して，こころとからだとの一体的，相互調和的な活動に，こころの側からか，からだの側面からか，あるいはその両方からかに，この両者一体的調和を妨げる要因があるためと見て，そうした要因を見定めながら，新しい一体化，調和化を諮ることが課題となる。

　この東洋的な立場は実際には陰陽説に基づき，古来からの伝統的，漢方医学に則り，規定の技法に即して治療を進めるものが基礎だから，どうしても古来からの伝統に縛られ，規範を外れず，規定通りの技法が特定されやすく，状況に当たって，柔軟に対応しにくい恨みがある。ひとの生き方，活動の仕方は時代の流れ，社会・文化のあり方によって古代から著しく変化しているのだから，根本の基本さえしっかりしていれば，具体的なその都度都度の考

え方や技法などは状況に応じて適切に対応すべきものである。

　この動作療法はこころとからだ（動作）の一体的，調和を基礎に置く東洋的立場に基礎を置きながら，その技法は今日的な一般心理療法やカウンセリングに則り，具体的な進め方は全く独自の新しい心理療法を発展させることになった。似た立場のものには森田療法があるが，それは基礎を只管打坐の禅的な立場に置き，瞑想や禅定に近づく中での心理療法を目指す。だが動作療法ではそうした境地を目指すのでなく，ひたすら治療課題としての選ばれた動作パターンを実現，達成することを通して，自信ある自由，主導的な前向きの動作の仕方，ないしこころを体験することを目指す。そのためにはどのような過程を辿るのかをこれまでの多くのケースの中から選び出して，初回面接から，治療終結までを分かりやすく，執筆者ごとに分担執筆したものである。もちろん来談者は一人ひとり独自の存在だから，本書通りのこともあれば，そうでない場合もあるが，おおよそのプロセスはここに述べたものからそれほど遠くないので，それによって動作療法というものをご理解いただけるようになっている。それ以上の理解のためには本書を参照しながら，実際にケースに当たって体験していただくほかはない。その過程の中で思いがけない現象に出会いながら，この動作療法の奥深さを体験していただけることを願う次第である。

（成瀬悟策）

目　次

はじめに　*3*

1. 生命活動としての動作とこころ————————成瀬悟策　*9*
A. 生きることは動くこと　*9*
B. 動作のこころ　*10*
C. 自己のこころ　*13*
D. 主動と主動感　*14*

2. こころの不適応で，動作が不調
————動作不調の形成————————————土居隆子　*19*
A. 生活適応不全から動作不調が起きる　*20*
B. からだの不調はどのような過程で生じてくるのか　*25*
C. 生命活動の停滞によるマイナス介入で起きる動作不調
————こころの不適応不全を強化する　*28*

3. 不調動作の解消でこころの適応が促進————————成瀬悟策　*31*
A. 不調動作への対応　*31*
B. 動作不調の意識化　*35*
C. 不調解消のための意識化　*39*
D. 動作不調の解消でこころが自由・安定的になる　*40*

4. 動作療法の具体的な提案————————————錦織恭子　*43*
A. 面接前の準備　*43*
B. 初回面接　*44*
C. 動作療法の提案　*45*
D. インテーク————からだを調べる・不調の形を調べる　*48*
E. 課題を選択する　*51*

5. 治療課題の実現過程
————課題動作の進め方————————————吉川昌子　*61*
A. 動作面接の援助の仕方　*61*
B. 動作療法面接の実施計画　*65*
C. 動作法実施————右肩上げ・下ろし課題を例に　*66*

6. 課題実現過程における抵抗————————————中尾みどり　*79*
- A. 課題実現過程における抵抗　*79*
- B. 抵抗は何故起こる　*80*
- C. 抵抗についてセラピストが心得ておくこと　*81*
- D. 動作援助の開始とともに現れる治療への抵抗　*83*
- E. 変化への抵抗，痛み・痛み予感への抵抗　*86*
- F. 抵抗するクライエントに対するセラピストの対応　*90*
- G. 課題実現過程におけるクライエントの無意識的な抵抗と
  変化をみる　―　Ｂさん（女性　20歳代　会社員）の事例　*92*
- H. まとめ　抵抗は課題実現のための有効な手掛かりである　*99*

7. 痛みへの対応・処理————————————————大島英世　*101*
- A. 動作における痛みは何故生まれるのか　*101*
- B. 主動と動作の調整と痛み　*103*

8. 課題実現過程における
主動感と動作感の調整・調和————————————藤吉晴美　*113*
- A. 課題過程における自己調整への主体的自己活動の強化　*113*
- B. 動作感・自体感への気付き，主体的自己認知体験の気付き，
  体験の明確化練習　*115*
- C. 主動感・自己活動への気付き，明確化練習　*119*
- D. 動作感・主動感，両体験の同時・並行的な気付き，
  明確化練習　*120*
- E. 主動感体験の強化・弱化の自己操作・自己制御練習　*122*
- F. 主動感と動作感の調整・調和とセラピィ過程　*124*
- G. 主動感と動作感の調整・調和と体験の仕方　*128*

9. 治療・援助過程の終結————————————————成瀬悟策　*135*

コラム

「こころ」の相談でなぜ「動作」が扱われるのか 47 ／動作感が分かりにくい
動き 116 ／拮抗状態を作ることが有効な課題 117 ／逆方向の動きを体感さ
せることが有効な課題 118 ／停まって待つと，なぜ楽になるの？ 122

索引　*139*
執筆者紹介　*146*

＊［本文イラスト　水田恵津子］

動作療法の治療過程

1

生命活動としての動作とこころ

A. 生きることは動くこと

およそ動物とされる生き物は動かなければ生きられない。ミミズもネズミも，ネコもサルも，いずれも同様，生きるために動く。サル目（霊長類）ヒト科のホモサピエンスただ1種の人類といえども例外ではない。

1）生理的な存在としての人体

生理的な存在としての人体において，脳，神経，筋，骨格など，動くための生理的な装置がたとえ完全に備わっていても，それだけではヒトは動かない。そこにはからだを動かす力がないからである。だが，実際のヒトは現実には必ず動く。何故なら，そのヒトは生まれたときから生きており，現実に今も生きているからである。すなわち生きて，いのちのある限り，動こうとする。

2）生命体としてのヒト

生理的な存在，すなわち肉体という物体としてだけの目で見ている限り，ヒトがなぜ動くのかを理解することは不可能である。そんな偏った立場さえ捨てれば，今現実に動いているのをありのままに捉えられるので，からだを動かす力は当然のこととして見えてくる。その力の根源こそ，今まさに生きて動いているヒトという生命体に他ならないことが分かってくる。

3）生命活動

　この生命体の活動はその力をまず人体に働きかけて，動くからだにする。出産という人生出発の最初を考えれば，一般には母体が胎児を生み出すとされているが，これを胎児の立場からすれば，長い準備の末に胎児が産道を通って自ら母体の援けを借りながら生まれ出るのであって，待ちに待った出生の瞬間だからこそ産声が生命体によるあの精一杯の大歓声になるのも当然である。たとえ自分で主体的に生まれ出たとは言え，この頃は普通に言う意識はまだない。

4）外界探索

　生まれ出れば早速オッパイ探索の旅について母体を這い上がり，ようやく辿り着けばむしゃぶりついて余念なく母乳の吸綴，満腹すれば眠るし，腹に溜まれば便・尿として自分で排泄するなど，自体の内界から生命維持のためにする諸要求に応えて，積極的に対応・処理していく。

　これら必要な動きが片付けば，音や光に目を向け，母親その他のヒトの動きを追尾するなど，外界に注意し，あるいは得意の全身バタバタなどで手足に触れたタオルケットや毛布などに注意して掴んだり握ったり，手や足を舐めたり，噛んだり，あるいはジッと凝視したりなどしながら，外界の事物の探索に余念ないが，まだ，明確な意識というよりもむしろ前意識的に自動している。

B. 動作のこころ

1）自体の移動

　動きやすい手足による探索から，寝返りや這い這い，お坐りから四つん這いなど，全身による空間対応が始まれば，更に進んで自らによる掴まり立ちから，慎重な足位置の確かめなどができれば，思い切って掴まえている手を離し，うまく独り立ちにも成功となり，間もなくそこから自体そのものを他

の位置へ移動するために歩くという動作が自分ひとりで自由にできるように
なってくる。

2) 動きによるこころの成長・発達

　そもそもこうした動きが単純なものから複雑で難しいものにまで進歩した
というのは単なる機械的に進歩したというのではなく，当人の動こう，動き
たいという主体的な切なる欲求とそれを実現しようとする意欲によって，は
じめて実現した足跡であり，生命活動の表れに他ならない。

　こうして当人自らの強い主体的，知的な欲求に基づき，今置かれているこ
の物理的な状況と自分のからだの条件の中で自体をどのように動かし，動か
せるかの様々な探究・試みとして得られたものであり，それによって，どう
すれば動くのか動かないのか，動かせるのか動かせないのか，それでからだ
はどう動くのか，どう動かないのか，それによって自分に何が得られたのか，
などに気付いてくる。それこそは普通にいうこころの育ち，発達・成長して
いきたいという証拠になる。

3) 身体軸

　例えば掴まり立ちができ，掴んでいたその手を離してもひとりで立ってい
られるのは，大地上に2本の足でタテに立っていられるということだが，そ
の両足の中央点（定位置）をタテ真っ直ぐに通過する重力の線が，たとえ目
には見えないにしても，当人には独特の体感として分かるようになり，しか
もその線が重力線に対応した受け皿として体内にしっかりした力の軸，すん
なり体軸ないし身体軸ができ，自分の立位のタテの基準線として分かるよう
になり，重力線から外れて倒れることのないように頼れるほどになったこと
を意味している。

4) 立体空間認知枠

　こうして独り立ちができ始めれば，歩行は間もなくだが，そのためにはそ

れまで立っていた定位置で重力線に合わせた体軸通りの姿勢のまま次の位置まで移動する間も重力線に合わせながら，歩行という移動にもかかわらず消えることも倒れることもなく，タテ真っ直ぐの姿勢をしっかり維持し続けられるようになったことを意味する。このタテ真っ直ぐの力の軸は，立体的な空間内に自分のからだを重力の垂直線に合わせてタテ真っ直ぐに立てるだけでなく，その体軸を拠り所にして，自然にできてくるのは，立体的な空間を認知・対応するに当たって，自分自身の居場所を大地上の定位置とし，体内の身体軸を基準にしながらその点から外界の立体的空間を前後，左右や上下の視点でとらえ，認知や判断のための，立体的な認知の基準枠としながら，タテ，ヨコ，タカサに自体軸を対応させることによって，外界の認知や判断をより確実なものにしようとする。

5）重心

　この体軸・身体軸は，重力という強力な力を拠り所にしながら，自体内に強いタテの力軸を作っているので，部位や部分によっていかに大きく曲がったり反ったり傾いたりしても，転倒することなく大地上タテに立位を保てるのは，その体軸がいつも重力の線に合わせてからだ全体が両足の真ん中という定位置上の重心を崩さず，いつも柔軟に維持できるようになっているからである。

6）三次元空間の対応枠

　このように重力を基準枠として作られた体軸とそれを基準にして外的物理空間を前後，左右，高さの三次元の枠に分けて認知する認知枠とで，自分のからだをタテ・ヨコ・タカサという三次元の方向へ明確に区別して対応できるようにもなってくる。

　こうして物理的空間緩急へ適応的に認知・対応できるようになるまでに，動作を通したこころの発達・進化と共に，からだの動きは全身を含む大小様々，さらには微妙な動きの隅々にまで，そのこころが行き届くようになる

ので，このようなからだの動きにかかわるこころの動きをひっくるめて「動作のこころ」と呼ぶことにする。

C. 自己のこころ

1）自己感形成の拠り所

先に述べたように，重力の線が分かってくるに連れて，それに対応できるようなタテの力の線を自分のからだに作り上げ，その力の線が重力から外れないように一体的に一致して働くようになれば，自体は双方の力で確実に支えられ，安定した重心を維持することになるが，それはそのまま自己感形成の拠り所になる。

2）清明な意識・賢明な知能の発達

こうして産声から始まった動作のこころが育ってくる。それまでの過程の中で“気付き”とか，“分かる”，“感じる”などとして，原初的認知から徐々に発達してくることを述べてきたが，ここへ来てより一層目立ってくるのが，清明な意識，賢明な知能の活動である。もちろん意識や知能がそれまでは全く働かなかったというわけではなく，“気付く”，“分かる”，“感じる”などと記述してきたように，それまでもある程度まではそれなりに分かっているが，意識的な認知域までには達しないため，前意識とか意識下的，無意識的などとよばれるたぐいのものでしかなかったが，立位，歩行などの動作が自由になるに伴い，こころもそれなりに育って，意識にもはっきりのぼり，知的にも明確になる。こうして動作のこころが意識できるようになると，主体的・意識的・主動的にからだを動かそうとし始めると同時に，身近な物理的な場面における動作活動に留まらず，もっと関心の広がった日常生活の場面における親子，兄弟，知人などとの対人関係から，さらに深く家族，施設，学校，職場，仲間，地域などにおける社会対応，習慣，言葉，文字や歴史，作業など文化への適応等々，加えてそこでの様々な困難やストレスへの対応

14

で忙殺されることになる。そこでは動作のこころがあまり重要な役割を担わず裏方に周り，より高度な意識的，知的対応が適切にできることを要求されるし，それなりにそのような要求へ適切に対応できるまで，こころは全体としてより高度に育ってくる。

3）自己感

　その対人関係の経験はすでに醸成されてきた自己感の拠り所によって，自分という個として独自の存在の感じを予感してきたものに加えて，他者という存在を否応なく認め，それへの対応が並々ならぬことを痛感することで，先方の他者に対するこちら側の受け皿としての存在が高揚することになる。これが自ずから他者に対して存在する自分自身の感じ，自己感として徐々に明確になってくる。

4）自己のこころ

　ヒトという生命体は，生きている限り，動物としてと同時に，人間という社会と文化の中で，適応しながら日常生活を生き抜くことになる。動作としてからだが生き抜くだけでなく，対人的・社会的・文化的生活において確かな自己感を養い，伸ばし，損なわずに適応しながら，具体的に日常生活に対応・処理していく。このような働きを自己のこころと呼べば，それは動作における自己感と対人関係における他者対応という２つの経験から成り立つ意識的・知的・主体的なこころの活動ということになる。

D. 主動と主動感

1）主動

　自己のこころは単に動作活動にかかわるだけでなく，それより遥かに複雑・多岐にわたる日常生活場面における対他者や人間関係をも含む人生上の様々な問題や諸困難に対応，適切に処理することが主たる課題だが，それに加え

て，その中で生じる問題，すなわち自分のからだを必要に応じて心的に動かす動作の過程にも適切に対応・処理しなければならない。そのようなプロセスを見ると，生活場面において自分の置かれた状況に必要適切な「これこれの動作（のパターン）」を課題としてまず設定する。次いで，「その動作を実現しよう」と実現に向け，それなりの力を入れることからからだに力を入れてと，動作過程を進めていくことになる。その際，課題を決めてその実現を進めていく実際のプロモーター（推進者）の役割を果たす力を主動と呼べば，まず主動が働き，その力ないし意図通りに動作は動き始め，意図した通りのパターンで動き始める。それをイメージされた通りにやり遂げれば，主動は適切に働いたことになる。

2) 主動感

　「これこれの動作をしよう」とする主動の活動が始まると，自分で動作パターンのイメージをどのように作るか，それを実現するにはどのような力をどこへどう入れて，どのように進めていくか，進行にはどんな難しさや抵抗があるのか，そこをどう乗り越えていくか，出来上がった動作はどんな動きになっているのか，などについてそれなりのイメージをしっかり持つ。そのイメージ実現のためどんなふうな力を入れていくのかなど，実際に動作を始めてみれば，それらは実感として具体的に意識に上ってくる。その感じは主動しようとして始めに意図したものと一致もすれば，不一致のこともある。主動は自己のこころに含まれるものだから，意図として意識に上るだけでなく，実際の動かす仕方の感じも意識にのぼりやすい。こうして主動しようとしているとき，自分がしようとしている努力の状況のうち，意識にのぼったものが主動感である。

3) 主動感と動作感

　ここで主動感と動作感を分かりやすく具体的に記述すれば，次のようになる。主動感の場合は"これこれの動きを動作としてからだを「動かそう」"

とするのに対して，その結果である動作では「動いているナア」「動いているヨ」という感じになる。動作感は前意識的なものだから普段ほとんど注目することがないので感じにくいが，注意すれば分かるようになる。それに対して，主動感はあまりに意識的自己活動に過ぎて，特に主動的な活動を自分自身の活動として明確に意識することがなかなか容易でない。だから，双方とも意識しにくいが，それが分かるようになると自分自身を自己観察できやすくなって，自分を意識的にコントロールしやすくなる。ことによれば，この自己観察・自己処理が動作法による自己コントロールのための最大の成果かもしれない。

4）現実の生活では

現実の生活では自己のこころと動作のこころとが一体的に活動してはじめて生活場面へ適切に対応，適応的に処理できることになるが，この両者はそれぞれ異なるシステムに属しているので，それらが必ずしもうまく調和的に活動するとは限らない。ことに問題が重要な状況になるほど両者が一体的に活動するのが難しくなり，その多くは自己のこころが意識的・知的に優位に働き過ぎ，動作のこころがそれと一体的には活動できにくくなって分離し，独自に自動しやすくなって，両者が調和的に活動するほうが困難になりやすく，それがまた動作・自己両者の間の調整を妨げ，からだの動きを偏らせ，動作を不調にもすれば，うつやノイローゼなど，自己のこころを不適応的にする怖れをも生じやすくなる。

5）主動・主動感

生活場面でそのような動作不調が具体的にどんなふうに表れるかを見ると，自己のこころの内，まず主発的に「動こう」，「動かそう」として動作のこころに働きかけることになるので，それを「主動」と呼べば，当人の主観的な意識にとっては主動感として感受される。その結果動かされたもの，動作は当人にとっては「動く」，「動いているなア」という動作感として感受する。

6）主動と動作の自己調整

　この際，主動が強すぎると動作はその影に隠れ，あるいは妨げられてうまくできなくなるし，元々感じにくい動作感はかき消されて意識にのぼりにくくなり両者のバランスは崩れて主動ばかりが働き，動作は妨げられ，興奮ばかりでサッパリ動作としては実現できなくもなる。

　この両者がうまく一致して働くためには，何よりもまず，主動が相方になる動作の動く様子を確かめて，それに合わせながら，主動感をうまく調整できるようになると，両者はうまく調和的になって，相手と一体的に活動して，当人の思い通りに動作ができることになる。すなわち動作が思い通りにうまくできるためには，主動の活動がどれだけ当人によって調整できるかに掛っている。それにはまず，意図する動きのために動作の活動の様子がどれだけよく分かり，それにちょうど合うように主動がどれだけ調和的に調整できるかの問題になる。

7）主動の調整と年齢

　この主動と動作はその発達の初期には自然にうまく両者が一体的に進められていたので，動作にはいるのもスムースに主動の意図通りに動いていたのだが，動作の方が優位だったからだが，そのうち自己のこころがだんだん優位に発達してくると，主動の力は強くなり，動作を無視・圧倒するようになって，両者間の調整が困難となり，どうしてもスムースな動作ができず，全体的に動作の不調が強化されやすくなる。臨床経験によれば，ある年齢を超える頃から肩こりや腰痛が自然に生じやすくなり，あるいは四十肩・五十肩の出はじめるのは，この動作に対する主動の調整不全に加えて，当人の生活上にもこころの不適応や困難が重なった結果であることがほとんどといってよい。

（成瀬悟策）

2

こころの不適応で，動作が不調
——動作不調の形成——

「1．生命活動としての動作とこころ」で述べられているように，人は産まれた直後から内外の要求に対処し処理し続けている（1．A-1）。成長にともない日常生活での対人関係や社会および文化対応など，環境からの要求は複雑多様化し続ける。これらに対処対応しながらこころは全体としてより高度に育つ（1．A-2）。発達初期では環境に自然に対応しているが，成長に伴い，対応しにくい場面やストレスが徐々に増える。この環境をストレスに感じる人もいれば感じない人もいるし，どのように環境を感じるかなどの対処の方法も人様々である。失敗から学んで成長する場合もあれば一度の失敗を深刻に受け止める場合もある。人はみな，日々の生活で，家族や知人，学校や仕事など環境と関わり続ける。うまく行く場合もあるがうまく行かない場合もある。その中で，喜んだり，悲しんだり，緊張したり不安になったりイライラしながら生活場面に対処しいろいろな出来事や体験を処理する。この体験処理の仕方によって，周りの環境に適応できたり不適応になったりする。人それぞれ，困難やストレスへの体験過程の処理の仕方には違いがある。例えば，自信が無くてドキドキする場面がある。自己のこころは「不安だし焦るし緊張する。しかし，なんとかしてでも頑張りたいと思う」と主動し，からだに働きかける。困難やストレス状況に対処しようと努力する場合，自己のこころだけでは具体的な対処ができないので，からだのあちこちに力を入れて緊張させ対処する。ストレス場面が過ぎた時，からだに入れた緊張を弛め元に戻す。多くの場合は緊張を弛め戻すが，ある人は緊張を弛められずか

らだに緊張を残す。この体験の処理の仕方の違いによってからだの緊張状態が異なるが，ある人では，あちこちに緊張が残り，からだが動かし難くなり，動作が不調になる。思うように対処できないので，こころが不適応になる。治療を求めてくるクライエントは，生活の場面で環境に不適応になっている人である。

　本章では，不安や焦り，怒りや悲しみなどのこころの対処の仕方が不適切になると，なぜ肩こりや頭痛，腹痛や過呼吸が起きるのか，からだの不調はどのように作られるのかを考察する。

A．生活適応不全から動作不調が起きる

1）日常生活場面

　人が日々適応している場面，日々出会う様々なストレスを体験し処理しているすべての場面が日常生活場面である。その人が関わり，本人の生活・こころのあり様に影響する，ことば・知識・人間関係など様々な社会文化的場面である。その人自身の生活に関心・関わりのない人・出来事・物や社会事象・文化は対象にしない。

2）意図・努力・身体運動

　「頑張りたい・上手くなりたい・○○したい」と自己のこころが「実現しよう，動かそう」と意図する（主動）。自己のこころができることは，主動しそのためにどのようにするか考え計画し努力を意識する（主動感）だけで具体的な動きはできない。意図を実現するには，からだが具体的に動かなければならない。主動は動作のこころに主動感で働きかけつつどのように動いているかモニターしている。動作のこころは，自己のこころの主動と主動感に応え，力を入れ，緊張させからだを動かす努力をする。からだの部位・部分に必要な力を入れて動作感を感じながら，からだのあちこちを緊張・弛緩させからだを動かす。その結果，身体運動が起き動作になる。動作のこころ

が自己のこころの主動の要求（意図）に応えて動かそうとしてからだが動き（努力の仕方），からだの動きは動作感として感じられ，からだが動き（身体運動）生活場面に適応する。この両こころが一致調和して動いていると適応し，不調和になると生活場面で不適応になっていく。

3）日常場面不適応

　動作のこころができることはからだのあちらこちらに力を入れて緊張させるか入っている緊張を弛めることだけである。自己のこころのように柔軟に器用でこまやかには動けない。多くの場合，からだは自己のこころの思うような動きができないし，からだが自己のこころの主動・主動感通りに動けるとは限らない。

4）失敗への対処

　思うように対処できず，日常生活場面への適応に失敗することはよくある。一度の失敗で不適応になることはない。この失敗を活かして対処を修正できると問題はない。しかし，チックで悩むクライエントのように，今までの体験の仕方を修正せず同じ対処を繰り返す人がいる。修正したいが今の仕方を変えたくないし，変え方を知らないので，しないようにしようと思えば思うほど同じ対処の仕方しかできず，やがて「何度しても同じ，でも止められない」とこだわりが強くなり習慣化し日常生活が滞る。自己の「瞬きしたくない」こころの主動に添った動作ができず「瞬きを繰り返す」し，重なる失敗でこころがより不安定になり生活の場で不適応になる。

5）生活場面の不適応

　自己のこころの主動と動作のこころの動作感の関係が不調和になった時に「生活場面の不適応」が起きる。一番よくわかる場面が，スポーツの練習場面である。ボールを前に蹴りたいと思い（主動）右足を動かそうと思うが（主動感），左足で踏ん張れず不安定で立てないので右足を思うように前に出せ

ず（動作）その結果，ボールを前に蹴れない。上手くなりたいし周りの期待に応えたい自分自身も悔しい思いを重ね不安になる。繰り返し練習するが，上手くなりたいと思えば思うほどからだは思うように動かず焦って失敗を重ね，「前に蹴りたい」気分だけが大きくなる。しかし，今のやり方を変えられずに繰り返す結果になり習慣化していく。これは，日々の生活場面でいつでもどこでも起こりうる（8．課題実現過程における主動感と動作感の調整・調和）。

6）意図が多様化・肥大化

　成長に伴い，自己のこころの主動は，日常生活の要求やストレスに対応するよう多様化・肥大化する。これまで，発達や成長としてとらえれらている（1．B-2）。通常，主動と動作感は一体的に活動し調和して自動し，日常生活場面に適応する（1．A-4）。しかしこの両者の活動は意識されずに行われている場合が多く，自己のこころも意識化し知性化されすぎると明確に意識され難くなる（1．D-3）。さらにからだの動く感じ（動作感）はさらに感じられにくいので，自己のこころに意識されることは極めて少なく，むしろ無視されている場合が多く，両こころは乖離しやすい（1．D-1 ～ 6）。

7）適応努力の過程

　生活の場に適応しようと，自己のこころが目的に応じて主動（意図）し，主動感をもとに動作のこころに働きかけ，からだの必要な部位を緊張させたり弛めたりして動作になる。主動と主動感の働きかけで，動作のこころはからだに力を入れる感じや動いている感じを動作感として感じながら実際にからだを動かす。本来，からだは動く時には適切な部位に必要な力を入れ（緊張）不要な部分を弛め自動する。

8）不適応努力

　からだの緊張処理の仕方が，主動・主動感と一致して両こころが一致して

調和的で適応的であれば日常生活場面での適応に問題は生じない。しかし，からだを意図通りに動かすのは思う以上に難しく，さらにからだの動作感は意識されにくい。主動に沿って動くのはさらに難しく，からだの緊張の仕方が不適切になる。例えば，苦手な人だけれど避けられない場合，どのように対処するかは個々で異なるが，からだに力を入れ緊張して頑張る感じを動作感として感じながら対処する。この場合，適切な緊張の感じが難しい。程よい力で立っていれば良いが，必要以上に余分・不適切な緊張（過適応・過緊張）を入れ，さらに肩や腕首など必要以外の箇所を緊張させる（随伴緊張）。さらに，終わっても緊張を弛めきれず残し（残留緊張），やがて緊張が残って居坐り，慢性緊張となる。

9）からだで生きる

　人は困難・ストレスフルな日々の生活から逃げることはできない。生きるために適応し努力するしかない。自己のこころはイメージする・考えることはできても生活場面で実際的な対応を担っているのは動作のこころとからだである。からだができることは，力を入れ緊張することと緊張を弛めることだけである。こころの不適応は，生活の場への適応に必要なからだの使い方・動きかたの緊張の処理が不適切になった時に起きる。クライエントは，動作療法でセラピストから提示される治療課題を練習してできるように努力する過程で，優位になりすぎた自己のこころを調整し，現実適応に必要な動作感を取り戻し，生活場面の適応ができるようになる。

10）緊張の仕方

　自己のこころが主動し主動感で動作のこころに働きかける。動作のこころは動作感でからだの動きを感じて努力・実行し，主動感が「動いている感じ」を感じコントロールし生活場面に適応する。ストレスフルな場面で，自己のこころが力を入れて頑張りたいと主動し，その主動・主動感にしたがって動作のこころが力を入れて「頑張る感じ」を動作感として感じながら動作をし

て，頑張っている感じを主動感として感じる。からだは生活場面への適応努力で，からだの必要な部位部分を緊張・弛緩させる。

11）緊張の事後処理

　動作の不調で問題になるのは，緊張の事後処理の仕方である。緊張の事後処理が不適切で緊張がからだに残り，居坐り，慢性化しからだを動かし難くなり，やがて思うような動作ができなくなる。事後処理で難しいのは，「元に戻したくない，戻せない」自己のこころの抵抗があるからで，不適切な仕方はいろいろある。以下に代表的な例を挙げる。

①予期せず嫌な人に会いドキドキした。その人と別れ実際には目の前には居ないのに，ドキドキが収まらず，からだのあちこちが緊張したままで「緊張を抜けない，もしくは抜かない」状態になり，気分を変えられず不安な気持ちが続き，いつまでも悩み続ける。

②試験勉強で自信が無くできているか不安になり，休みたいが安心できずに緊張を弛めると一層不安になりそうで，「からだの緊張を解かず緊張し続け」ていつまでも気にし続ける。

③良くも悪くも，気にし続けたい，今の気分を変えるのが嫌，もしくは変えたくないので「緊張をそのまま維持したい」とそれまでの状況を変えず緊張をからだに残し続け，新しい緊張を積み重ね，居坐り緊張となって慢性化する。

④用件が終わってホッとからだの緊張を弛めようとするが，全部を弛めず，最後に少しだけ緊張を残し「最後の緊張を抜ききれない」ので次第に緊張が溜まっていく。

⑤スッキリ弛めると楽になるのに，緊張を弛めてしまうのが嫌で，全部弛めるのが怖くちょっとだけ緊張を残し「動作の後始末が及び腰になる」。

　以上のように自己のこころの処理の仕方が不完全で，その結果，少しずつ緊張がからだに残り居座るようになる。今の状況を変えたくない自己のここ

ろの抵抗も加わり処理がより難しくなる。からだの緊張は動かせば弛るむが，自己のこころは不安で弛めようとしない。クライエントは弛めることを「清水の舞台から飛び降りる」ように感じている。治療課題を練習すると，緊張を弛められるようになる。自分が立っていた場所は，清水の舞台のように高く困難な場所ではなく，さほど困難ではない低い舞台だと分かり弛めることが怖くなくなり，弛められるようになる。

12）緊張が積み重なり常に緊張した状態になる（慢性緊張）

自己のこころが優位に動き過ぎ，からだに過剰な要求をし，緊張の後処理が滞った結果，緊張が居坐り慢性化して動作が不調になる。原因は自己のこころの緊張の事後処理が不適切で，からだに緊張が残り居坐り慢性化したからである。何度も失敗を重ね，その度に常に緊張した状態になり慢性緊張でからだが動かし難くなり，動かしたくても動けなくなる。また目指す部位が動かせず動かしやすい他の部位を動かし，できたつもりになって逃げるので動作はますます不調になる。さらに進むと，慢性緊張が不活性化しからだの動きを感じることもままならなくなり自己のこころは今自分がどのようにしているかも，からだの感じも意識できなくなる。

B. からだの不調はどのような過程で生じてくるのか

1）緊張が残る

本来，人は環境に適応しようとこころとからだを協働・調和させて動く。しかし，からだの動きが主動にそぐわないと自己のこころは不適応感を感じる。新しい人間関係に慣れようと頑張るが自信が無く不安でお腹が痛い。学校に行かなければと焦るほど「人から嫌われるのではないか」と気にして不安が強くなってお腹が痛くなり学校に行けなくなる。またお腹が痛くなったらと不安でさらに緊張が強くなっていく。緊張は弛められず処理されないままからだに残る。学校に行かなければと，なんとかしようとして頑張るが，

さらに緊張が蓄積される。対応の失敗でさらに緊張が積み重なり，主動と動作感双方の努力の仕方を適応的に処理できない，もしくは処理せず緊張状態を維持し続けようとする。この不適切な努力の仕方は自己のこころの「現状を変えたくない・変えるのが怖い」と思う抵抗であり，クライエントのこころの弱さと言える。

2）緊張の積み重ねから慢性化

それでも両こころは生活場面に適応しようと努力し，動作のこころは自己のこころの主動に沿って動かそうと努力を続けるが，事後処理が不適切で緊張が居残り積み重なっていく悪循環が形成され慢性化する。その結果，絶えず緊張状態になり滞り，力を入れ緊張することも，力を抜いて緊張を弛めることもできなくなる不活性化状態になる。

3）日常生活の場の適応に失敗

両こころは生活の場に適応しようと努力するが，自己のこころは，動作が主動と異なるので，不適応感が高まり，より強いストレスを感じるようになる。しかし，動作のこころの動作感は意識することが難しい。動作のこころができることは，緊張させることと緊張を緩めることだけで，細やかな動きが難しいので，自己のこころの主動のように思うように動かない。からだの感じを感じ取る動作感はいっそう曖昧となり，自己のこころは主動感や動作感をさらに感じにくくなる。その結果，日常生活への対応の失敗が積み重なり，滞り，身体症状が出て，こだわり続ける，気になり気分が塞ぐなど，自己のこころにマイナス症状が出る。

4）緊張の積み残しとこころの不適応

事後処理が不完全で緊張が残り，居坐り，積み重なり，慢性化しやがて不活性化して，からだの感じが希薄になる。自己のこころは今までのやり方を変えたくないし，いろいろ工夫してやっと見つけた現状に対応する方法は容

易には変えられない。これが，自己のこころのこだわりであり，抵抗である。その結果，日常生活場面に応えたい自己のこころと，思うように動けない動作のこころが不調和になり混乱する。不適応になった自己のこころはさらに動作のこころに過剰に働きかけ，からだの動きを無視または軽視して動かそうとするがからだは動けない。

5) 体験の不調

　緊張がからだのいろいろな部所に居残り，積み重なる。緊張が特定の部位で居坐り慢性化常態化し動作が不調になる。たとえば，手を上に挙げようと思う。自己のこころは手を上に挙げようと主動し，動作のこころに主動感で働き掛け手を動かそうとする。しかし，四十肩のように，主動の思うようには腕は動かず，頭が傾き腕ではなく肩が上がり，からだが傾く等，緊張が目的以外の部位に入り，動作は「勝手に肩が動く」「無意識に首を傾け動く」，「腕が動くのを意識できない」等，目的と異なる動きになる。慢性化した緊張部位を無理に動かそうとするので「突っ張る」「動くと痛い」など，腕を動かし難くなり動作が不調になる。腕を上に挙げたい主動，あげようという気持ち主動感はあるが，思えば思うほど，違う場所が緊張して，腕が動かず，肘や首や他の部位が動き，思うように体を動かせなくなり体験の不調となる。

6) 不適切な緊張の習慣化（常態化）

　不安で気になることに拘り続け，考え過ぎ心配ばかりするこころの不安や弱さ故にからだに注意を向けられず緊張の処理も中途半端になる。その結果，からだのあちこちに緊張が居残り蓄積し，緊張を入れることも弛めることもできない不活性化状態になる。慢性緊張が常態化して，動かしたくても動かせない，やがてどのように動かしたらよいか動作感が希薄になり動かし方が分からなくなり，自分のからだの感じの主動感も動作感も分からなくなって（不活性化）日常活動が沈滞・停滞していく。

7）無意識化

　からだの動きを感じる動作感は元々意識されにくいし，自己のこころは動作感を感じる努力はしない。自分のからだに意識を向け，「今腕が動いている，腕を挙げるのに緊張させている，肩に入れた緊張を弛めよう」等，からだを感じながら動かしている人はまずいない。さらに，意識・知性等の自己のこころの主動が優位になり過ぎ，動作感は意識されなくなる。筆者も，少しでも左手を挙げようとすると痛みが走るので動かさないようにする内に，左手の身体感覚が消え動かそうとしてもどこに左手が有り，どのようにしたら動かせるのか全く分からなくなったことがあった。そして，主動から動作感を切り離された結果，自分のからだなのに腕がどこにあってどのように動かすのか分からなくなり，左腕はあるが動かないので左腕を使わないで生活し，やがて左腕を使おうと思わなくなった。自分のからだであるが無かったものとして扱い，自己のこころに意識されない左腕になった。

C.　生命活動の停滞によるマイナス介入で起きる動作不調
――こころの不適応不全を強化する

1）不適切な緊張の慢性化・常態化で不活性化となり動作に影響する

　からだに緊張が居坐り・慢性化して動き難く，動作不調になり動作が停滞する。「動きたいけれど動かない」「動かすと痛いので動かせない」「動かせないから動かない」等，からだの動きが滞り，動作が不活性化になり動作不調になる。

2）からだの動きが活動停滞（マイナス介入）

　からだが動かせないのでからだを動かさないようになり，以下のように活動が停滞する。

　　①困ってはいるが，今の状態・方法から変えないし変えたくない "抵抗"
　　②動作感をより感じにくくなっていく "鈍化"

③動きにくさや痛みなどで，動きをできるだけ少なくしていく "狭窄"

④動くとからだに不都合が生じるのでできるだけ動かさないでいる "後ろ向き"

⑤強度の緊張が長期間続き残り慢性化（不活性化）して動かなくなる "萎縮" "硬化"

⑥今迄できていた動きができなくなる "退化" "退行"

　このように，動作の不調がさらに動作の不調を招くマイナス介入（悪循環）が続く。

3）こころが適応不全

　動作不調は，こころの主動感を動きにくくする。意図した動きと異なる動きになり，動きたいが思うように動かせない，どのように動いてよいか分からない，等主動感が不明確になり動作感も薄らぎこころは環境適応が難しくなり適応不全に陥る。

4）生活適応不全の強化

　しかし，いろいろある要求に応じようとする自己のこころは焦って不満に感じ，主動通りに動かない動作のこころへさらに過剰不適切な要求をする。動作のこころもなんとか頑張ろうとするが，慢性緊張で思うように動かない動作はさらに不調になり，動作の不調が生活適応の停滞を招き，不適正な対応に陥り悪循環が進みこころが不適応になる。

（土居隆子）

3

不調動作の解消でこころの適応が促進

A. 不調動作への対応

1) 動作不調

　前章で検討したように，生活適応不全で動作が不当に緊張しやすく，その緊張が事後にも解消せず，残留・居坐り，次々の緊張場面でさらに残留が加重，蓄積して習慣化すればその緊張は慢性化され，身体の動きがだんだん鈍く，あるいは固くて動き難くなり，思い通りには動きにくい，だるい，重たい，勝手に動く，そこが痛むなどとなり，いわゆる不調な動作に悩むようになる。

2) 生活適応不全と動作の不調の悪循環

　この不調な動作がだんだん強化されると，それは生体の生命活動にも重大な影響を及ぼす。図3-1に示したように，およそ健康な生命活動にはほど遠い，過敏，鈍化，後ろ向き，狭窄，委縮，硬化，退化・退行のようないわば負の方向に向かって活動することになる。そんな生命活動からうまれるこころの働きは，気になる，こだわる，思い込む，引きこもる，受け身など，やはりマイナスの傾向として表れる。この傾向は当然再び生活適応をさらに不調にして，緊張を習慣化，慢性化するような悪循環を生じさせることになる。

3) クライエント・援助者の役割

　この悪循環を断ち切るためには，今現実に困っている不調な動作を解消し

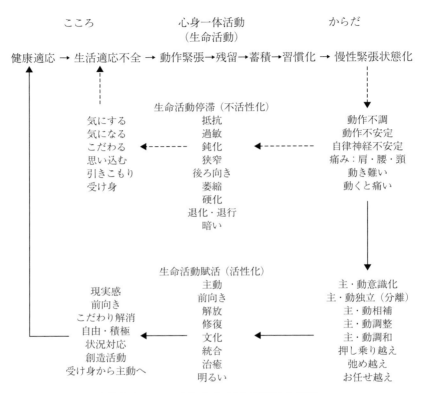

図 3-1　こころとからだの不調和と調和

註1）動作不調：からだがだるい，重たい，思い通りに動かない，こわばる，動き難い，勝手に動く，無意識的に動く，動くのを意識できない，突っ張る，動くと痛い，など

て，それに煩わせられない自由な動作の仕方になれることにより，停滞している生命活動を再び賦活・活性化しなければならない。この段階になれば，クライエントは心理相談なりカウンセリングのため心理クリニックなり精神科病院などで心理療法を受けることになる。そこでは一般に，もっぱらこころをこころのレベルだけで対応・治療しようとするものだが，実際には，こうしたこころの問題はそのレベルだけで生じてきたものでなく，その基礎になっているからだの動きに少なからず関わっており，むしろそうしたからだ

とこころ相互の活動の仕方に問題の基礎があることは前章までの記述で明らかだから，ここではこころとからだ双方の一体的な活動の仕方の問題を明らかにすると同時に，その両者の関係をどのようにするか，そのたには両者の活動をそれぞれどのようにすることでいかに動作の不調を解消できるか，両者の調和を図るためこころとからだがどのように活動し，協力・調整できるかを，クライエント自身が，自らのこころとからだを具体的・適切に，しかも持続的に自らの力でどれほど動かし，自己処理できるようになれるかが問題になる。すなわち当人自身の自己治療，自己処理の仕方に掛っていると同時に，その過程をどれほど適切に援助するかが援助者・治療者としての中心的な課題になる。

4）こころとからだの協調・調和

　こうした立場からすれば，からだの動きとしての動作一つを例にとってみても，こころだけでなくからだと一体的・協調的に活動してはじめてからだ（動作）は当人の思い（こころ）通り順調に動くのであって，もしもそのいずれかがうまく活動せず，あるいは偏ったり，誤ったりすれば動作は思い通りには動かなくなる。だからこそからだの動きに関しては，こころとからだがもともと出生以来ずっと一体的に活動してきたものであり，途中から自己のこころが介入してくるが，始めのうちはその活動も幼くて穏やかだが，自己のこころがしっかりして主動が強化されるに連れて一体的な活動がうまく協調的にできにくくなっているだけのことだから，両者・特に主動の仕方が以前のように協調・調整できる条件を明らかにして，調整のための変化ができるようになれば，こころもからだもうまく調和的になるはずだというのが，本書における（動作法）本来の主旨である。

5）生命活動への信頼

　しかも，この両者は適切に働けば必ず一体的・協調的に活動するはずだという双方への見透しが持てるのは，その両者をまとめて一体的に活動させる

自己治療的な力を生命体自身が具有しているはずだという基本的な信頼感に基づいている。それについては前章に述べたように，動作の緊張が慢性化して様々な動作不調が起こったときは，それを受けて生命活動が自己治療的，自然治療的によい方向へ向かわせるどころか，それに流されて生命活動まで停滞し，却ってこだわりや思い込み，引きこもりなど負のこころを醸成して不適応を強化してしまうのではないかと，生命活動への信頼感を疑わせ兼ねないように思われる。

6）動作不調と生命活動

　ここで取り上げた生命活動は如何なる条件においてでも，かならず十分な力を持って，どんな動作の不調が生じても，必ずそれに打ち勝って，本来の持てる力を発揮できるなどというのは，自然界においてはあり得ないことである。ただ，生命活動と動作不調との間の競合的ないし競り合いという条件の中で，より優位を保ちうるのが負の方向へのものか正の方向へのそれかを左右するのは当然である。生命活動は比較的正方向を保とうとするが，それよりも強い力を動作の不調が含んでいれば，それに押し切られて，負ないしマイナス方向へ向かうのは自然界の常である。すなわち生命活動は条件によっては積極的に負の方向にそれだけ強く向かうことにもなる。

7）生命活動への圧力

　ここで自己治療，自己処理が突然介入してきたかに思われるが，そうではない。本書の初頭からすでに指摘してきたように，クライエントは本来生命体であり，その活動は当人のこころの不適応へもからだの不調和へも少なからぬ影響を及ぼすことは前章で指摘した通りである。すなわち生命活動の停滞・賦活によって生じる正・負の傾向はそれに働きかける条件の強さ，ないし圧力によって変化する。

　そんな圧力が加えられるのは，動作よりも意識的に働く主動の力によって，思い通りにからだを動かせばよさそうに思われるが，既に述べたとおり，動

作のこころは前意識的・下意識的なものだから，意識活動からある程度解離しており，不調になった動作は，たとえ主動の力を持ってしても，おいそれというほど簡単にはいかず，単なる意識的な意図だけでは宙に浮いたままになる。といっても，放置すればそのまま不調はさらに増大するばかりになる。そこでいま，意識という視点から改めて，見えにくくなっている動作の活動状況に焦点を当て，落ち着いてジックリと見直してみる。

8）肩こり

　例えば右の肩こりに悩む人に，「右肩をできるだけ大きく自分で動かしてみましょう」というと，肩こりのない人ではそんなことは何でもない簡単なこと，大きくも小さくも，上へも下へも，左右へ開くのも自由自在，何の差し障りもない。だが，肩こりの人では「動かそう」にも痛いばかりでほとんど動かせない。少しは動かせても途中で痛みが出て，我慢できなくなる。頑張れば頑張るほど痛みは酷くなる。こうすれば動くはずなのに，そうしてもサッパリ動かない。どうやれば動かせるのか分からないこともあれば，中には，実際に動いているのに，動いているからだの感じが意識的に全く分からない場合もある。すなわち，緊張の慢性化で肩こりという不調になっている人は自分の右肩の部位が意識に上っていないため，自分では全く動かせないこともある。

B．動作不調の意識化

1）動作不調の人の動作体験

　以前なら自由に動かせた動作がこの頃は動かしにくくなり，あるいは動かせなくなり，自分の思い通りには動かない，さらには，動かすと痛い，動かさなくても痛むなど，ここでいう動作の不調はなぜ起こるかは，第2章で検討した。ここではその不調を解消するためにはどうすれば良いかを検討するのだから，そのためには，動作の不調はどのような過程の中で生じるのかを

まず検討する。

2）動作が不調になる状況の分析

　動作が不調な人は動作をする過程でどんなふうに動作を進めているのか，を検討するために，このごろ痛みが出やすくなったという軽い肩こりのクライエントを例にしてみる。＜右肩を上へ一杯までうごかしていきましょう＞と教示し，彼もその気になって，動きをはじめる。無理に肩を動かそうとすれば，痛みが出るから，落ち着いた気分で無理をしないようにゆっくりと進めればかなりの程度までは動くから，いわばなだめ，すかしながらもう少し，もう少しと動きを進めていくと，「痛みが出てきたが，我慢できる」というので，さらに＜もう少しいこう＞と進めると，しばらくして，「ここがいける精一杯」というので，一旦停止して，動かしたコースを記録してからゆっくり元へ戻す。少し休んでから改めて同じコースを辿ると，慣れたため先ほどのところまでは楽にいける。そこで，＜もっといけるでしょう，もう少しいこう＞で少しきついが，頑張って前回の点を少し超えたところで「ここが本当に精一杯」と停止。元へ戻して休止の後，再試行，前の点をさらに少し超えたところで「いよいよ限界」となる。

3）動作の意識化

　この動作ではまず「肩を上げていこう」という主動で始まる。「上げよう」という主動感でそのまま上がりはじめるので，「上がっていく」という肩の「動く感じ」，「上がっていく感じ」は「動かそう」という感じと一体化しているので，この主動感と動作感は初めての人にはなかなか区別しては感じられない。特に主動感に力を込めて強ければ，動作感はなおそれに取り消されてしまう。分かるのは「主動感」だけである。もちろん中には両者を区別して，動かす方でなく，からだの動いている方の感じを減の感じとして体感している場合もないわけではない。ただ「主動」と「動作」は頭で知的には区別できるので，知的には理解できる。ところが，だんだん動きが進んで，痛

みが出始めると,「この痛みは主動感のものでなく動作が痛がっている感じ,すなわち動作感であること」を,多くの人は推論によって理解し,それを感受する人もある。ところで,繰り返しによって動きがだんだん進んで痛みが出始めると,「この痛みはこころによる主動感のものでなく,からだが痛がっている感じ,動作感の一種であること」に気付き,主動感とは違うからだの"動きの感じ"としての動作感が体感として実感できはじめる。

こうした経験を繰り返すうち,主動感にはもちろん,動作感にもごく自然にその動きを感受できるようになる。そんな感じが分かるようになるというのは,それが意識にのぼるようになったということだから,それはご本人が肩の動きを主動感,動作感として別物として意識できるようになった,すなわち意識化が別々にでき始めたということである。

こうして経験を重ねることによって,人は自然に主動感から区別して動作感を薄々ながらも意識化するようになる。しかし日常生活ではこんな動作感などほとんど必要ないので,そんなことに注目することもないが,生活上の必要に応じて,ごく自然に,いわば無意識的に意識化しているのが普通である。だが,肩こりその他の動作不調に悩む人では,その不調を解消するのに,この意識化というプロセスを体験することが有効・必要なことが分かってきたが,それを自然任せないし普通のやり方ではとても意識化などできないから,この不調を解消するのには,そのために企画された意識化のプロセスを体験することになる。

4) 意識化の手続き

凝りに悩む人では,この肩こりを,少し前の自分なら全く自由に動かせたものだし,神経や筋など,生理的にはその後も何の障害を生じたことがないので,本来は動くし,動かせるはずだから,それを自分で意識にどう取り込めるかを肩上げについて確かめてみる。

a) 肩上げの支点

まず主動で肩周りを動かすべきからだの部位を確定する。動かすのは右肩

といっても実際には右肩甲骨だから，逆三角形の形をしている右肩甲骨の左上端部から左1センチの，脊柱寄りの点をまず確認して，そこを"肩上げの支点"とし，それを回転の軸として，肩甲骨上縁の左右にわたる線分の右端部が上方へ弧を描いて上がっていくように，その支点を回転の軸として左回りの回転の力を入れていくと，右肩の右上端部が円弧を描いて上がりはじめる。

b）回転の軸

すなわち肩上げ支点に左回りの回転の力を意識的に入れたら右肩甲骨の右端が円弧を描いて上がり始めたのである。動きの支点や動きのコースを確実に限定して，そこへ回転の力を意識的・意図的にしっかり入れると，それに応じて右肩甲骨の右上端部が主動の力によって意図的に動き始めたのである。ここで，動かすべき中心の支点が明確になり，何処をどのように動かすのか，その時，何処の動きがどんなコースを辿るのかなどが当人にしっかり意識的・意図的に理解・イメージされ，何処へどのような力を入れ，どんなコースで動かしていくのかなどの条件も明確で，しかも当人自身が自ら動かそうと注意を集中することで，格別の障害のない限り，課題通りの動きができやすくなる。

c）動いていく感じ

こうして意識的には動かしにくい動作の不調を，意識的に動かし方や動く感じが分かるように進める動作の仕方を意識化の手続きといい，特に「動いている感じ」，動作感が分かるようになることがいわゆるここでの中心課題で，それをどのように具体化するかが重要な問題になる。

不調な動作を意識的に動かしにくいのは，絶対的なものではなく，普段通りの普通のやり方だけではでき難いというだけのことである。というのは，普段の動作では，からだの何処をどんなふうに，どう動かすかの条件が曖昧なため動かしにくいだけだから，是非ともそこを動かし，乗り越えたいならば，ここに述べた意識化のように，動かす支点，力の入れ方，動かし方，動きのコースなどを明確に意識できるように特別の対応・処理に工夫してはじ

めてその難関を乗り越えることができる。

C. 不調解消のための意識化

1）主・動の体験

　動作不調を解消するためには，これまで詳しく述べてきたように，まず何よりも，からだを動かそうとする主動感と，それによって動く感じとしてからだの体感的な動作感が共に意識的に体験できなくては始まらない。それにはその主動の仕方が曖昧では動きようがない。課題のための欠点やそこに加える力の入れ方，動いていくコースなどが厳しく規制されていなければ，却ってその不調を良い方向へも，悪い方向へも変容させる。

2）主・動分離（独立）

　同様に，動作不調を解消してうまく動作ができるためには，ただ動作ができることだけを目指すのでは，不十分である。主動感と動作感がそれぞれ独自の感じとして感受されることが大切である。主動の方は一般に意識的な活動だから，取り立てて言わなくても始めから意識的にやっているので，格別取り立てて言わなくてもよいが，動作の方は積極的な強い意識の陰に隠れて，気付かれにくく，そのままでは動作不調は一層強化される。その両者はそれぞれの基礎を異にする独自現象だから，別々に意識化しなければならない。ことに動作感を主動感から分離して，独自の体験として意識化されないと，動作不調の改善には役立たない。

3）主・動相補

　動作不調を解消するためには，体験にのぼりにくい動作感の意識化がまず最初の課題だが，それができるためには動作感だけでできるわけではない。それを呼び起こす主動感がまず働いて，それに従ってはじめて動作が始まるし，そんな動作が始まってはじめて動作感が感受できるのである。しかもそ

の主動感が強すぎたり弱すぎたりしていたのでは，生じるからだの動きもまちまちだから，それも適切に制御されていなければ意識化も曖昧になる。主動感と動作感はそれぞれが別々のものながら，それ無しでは互いにうまく体験されなくなる。主・動共に，その活動の仕方を強・弱いずれにもある程度ずつ動かしたり，変化させたりもしながら，互いに相補い合ってはじめて適切な意識化が成り立つ。主・動相補（主動と動作の相補）の関係を別々に維持できることが重要になる。

4）主・動相互調整

主動感と動作感はそれぞれが強弱区々に調整できるので，相互にうまく調整的に働くことで，はじめて動作不調に介入，その調整の仕方で不要を解消しやすくなる。ことに主動を動作感に合わせるように自らを調整・変化できるようになると，動作過程を促進，痛みを軽減・解消するのに有効である。

5）主・動調和

動作の主動は動作を無視して，動作を無理に偏らせ，誤らせ，あるいは固く，不自由にさせるように勝手に活動しやすい。それが動作を不調和にすることは既に何度も述べた。その主動感を自ら制御して，ようやく明確になってきた動作感との間がうまく調和的になるように調整できることが，主動感の重要な役割である。

D. 動作不調の解消でこころが自由・安定的になる

1）動作不調の軽減・解消

主動と動作の意識化とその両者の適切な調整・調和のための努力によって，さしもの動作不調もだんだん軽減して，跡形さえもなくなるまで解消されるようになってくれば，からだが動きやすくなり，思い通りの動きが自由にできるようになる。

2) 主体的意欲の高揚

　こうなると動作だけでなく，それを動かしているこころと全体の意欲が高まって，それまで沈滞・消極的だった気持ちがだんだんやる気になり，日常の生活にも明るさや活気が出て，積極的・主体的に取り組むようになってくる。

3) 生命活動の賦活・活性化

　すなわち，これまでの慢性緊張を含む動作不調によって図3-1の上半部に点線矢印で示す経路を経て停滞していた生命活動による陰の気ないしこだわり・萎縮のこころから一転解放され，図3-1の下半部実線矢印の経路で，生体の根本をなす生命活動そのものが賦活・活性化され，能動で自由，積極的になり，現実の生活状況への認識や適応が適切・創造的になってくる。ここへきて，意識化の手続きを通して，生命体のもつ生命活動の仕方がそれまでの後ろ向き・鈍化・狭窄など，いわゆる陰の気ないし萎縮の方向になっていたものからいわば一転して解放・自由などいわゆる陽の気に満ちて，からだとこころを共に前向き，能動・主体的かつ創造的に変えていくことになる。

4) 不調和と調和

　生体の活動の根源は本書巻頭に述べた“生きる”ために“動く”という生命活動の基本的な前提に基づき，人間のあらゆる生活の側面において常によりよく，より安定してより豊かに生き，動くように保障するものと置くことから始まった。だが，それはどんな状況においてでも何が何でも遮二無二に保障できるというわけではなく，時と場合によって，前章で扱ったように慢性緊張が常態化したり，動作不調が酷くなるような状況においては生命活動は停滞してそれがこころの在り方に様々なマイナスないし陰の条件となって表れるし，反対に，そんな動作の不調を意識化によって，それぞれに軽減・解消できるようになると，今度は逆に，停滞していた生命活動が図3-1の生命活動を賦活・活性化させることになり，同時にこだわりや引きこもりなどに負けていた陰のこころがちょうど皮膚の傷口を自然に治癒させるように，

陽ないしポジティブに変化して自由・積極，状況への創造的対応などができるようにもなれば，図3-1の最左端の上行実線のように元の健康適応に再び回帰することになる。

5）生命活動は万能ではない

　すなわち，たとえいかに強力な生命活動といえども，それが支え，保障する生き方・働き方が適切でなければ，結局，活動は停滞・不活性化されて，それが様々なこころの不適応として表れるし，逆に，そんなこころやからだの生き方，動き方の不調を自らの意識化によって軽減・解消できるようになれば，生命活動は自ずから賦活・活性化され，新しい自由・前向きで創造的になり，元の健康・適応的な生活に回帰できるようになる。

　こんな仮説を前提にして，本書はこれまでの経験に基づき，動き方の不調に悩む人がその不調を解消して新たな生命活動を賦活させ，こころの生き方を自ら陽に変えて，よりよく生きるための具体的な手続き，体験の仕方などを，次章以下に具体的に記述・説明する。

（成瀬悟策）

4

動作療法の具体的な提案

A. 面接前の準備

　臨床現場で動作療法を用いる場合，クライエントを迎える前に準備するものとして下記のものが挙げられる。

　1）問診票，2）面接室，3）時間・空間の確保。

1）問診票（図4-1）
　問診票はクライエントに記入してもらいセラピストは面接前に目を通す。問診票はクライエントの訴えやからだの不調を把握し，既往症や現在治療中の疾患についての見落としを防ぐためのものである。が，同時に問診票を通してクライエントが自分のからだの症状にも意識をむけ，この場所ではからだの症状についても話題にすることがあると知ることで，動作療法の導入がしやすくなるとの意図もある。

2）面接室
　面接室は，置物，治療者の机の上の書籍，電話，PC，書類など，クライエントにとってのいつも通り（恒常感）にする。不用意な変更はしない。

3）時間・空間

　時間・空間をクライエントのために確保する。クライエントに面接中は他の来訪者，連絡者，その他の入出者や電話には対応しなくてよいように準備をする。

B．初回面接

　初回面接では心理的な主訴（ことば）の聞き取りと同時に，動作不調についての聞き取りと観察を行う。この時，クライエントの基礎疾患や既往症などを見落とさないようにする。また，動作療法にはクライエントの治療へのモチベィションが重要である。初回面接ではクライエントが動作療法に取り組むモチベィションを持ちうるか確認する。

1）主訴（ことば）を聞き取る

　ここではことばで話される訴え・内容を聴き取ると同時にクライエントの話し方，発声，発語，姿勢，態度などを観察する。同時に，初めての場所で初めてセラピストに会うという特殊な状況の動作（肩に力をいれる，背中をまるめる，顎を突き出す，足をぶらぶらさせる）なども観察できる。

2）動作不調について聞き取る・観察する

　動作不調について質問をする。例えば「肩こり」があれば，どのような姿勢や動作が肩こりの原因になっているか推定しながらクライエントの姿勢や動作を観察する。クライエントにからだの不調の自覚があれば動作療法の課題選択の参考にできる。動作不調の自覚がないクライエントの場合，その場合でも実際にはほとんど全員に肩こりなどの慢性的な筋緊張がある。これらのクライエントはからだの緊張を自覚できず痛み・こりに気がつけない，または無視をしていると考えられる。この場合「肩を動かしてみて」とクライエントに指示して，痛み・動きの悪さなどの不調への気づきや，姿勢への自

覚（肩こりは感じないが猫背や頸を前に突き出しているなどの自覚は意外にある）を促してみる。もちろんこのような動作不調の自覚がないクライエントにも動作療法は有効であるが，そのクライエントが「動作不調」に注目できた方がセラピスト，クライエント双方にとって動作療法に取り組みやすくなる。

C. 動作療法の提案

　動作療法の提案をする。こころの相談でのクライエントのほとんどはことばでのセラピィをイメージしているので，セラピストは初回面接で得た情報を元に丁寧に動作療法の提案をおこなう必要がある。この時，こころの相談でなぜ動作が扱われるのかということと，動作療法は自己治療であるということをクライエントに納得してもらうことが重要である。特にセラピストが医師や理学療法士，作業療法士，鍼灸師などの職種の場合，クライエントは治してもらうという受動的な気持ちで来ている場合が多く，セラピストも治そうという気持ちが強くなりがちである。この場合は後者，動作療法が自己治療であるという理解がより重要となる。

　以下，クライエントに動作療法について説明，提案をするのに必要となる基本的な考え方1〜5)，理解しておきたい動作療法の特徴について6)，7)を示す。

1）動作の不調＝こころの不調である

　クライエントに動作不調とこころの不調の関係を受け入れてもらう工夫をする。例えば「動作不調があるとどうしても気持ちが暗くやる気を失い，引っ込みがちになりやすくなる」「頭が痛く，肩こりが酷い状態で明るい気持ちでいるのは難しい」また，「からだが緊張した状態でゆったりした気持ちになることは困難である」といった説明でもよい。

2) 動作不調は物事への不十分な対応で生ずる

物事に対応をするとき，人はこころとからだの両方で構える。物事に適した構え方ができ，その後，その構えが解ければ人は動作不調に陥ることはない。逆に，逃げ腰の中途半端な構え方，強引で無理な構え方，物事の対応が終わっても構えを解かない等の対応の蓄積は動作不調をもたらし，こころの不調に繋がっていく。

3) 動作不調は変えられる

動作の不調は気持ちの持ちようや，生活の仕方，自分の習慣や癖などによって自分自身で拵えたものであり年齢や体力などが関係するが，宿命的なものではない。例えば，猫背・からだが硬いなどをまるで自分の変えようのない運命のように思っているクライエントが結構多くいるが，実際は変えられる。

4) 動作の不調は軽減，解消するのが望ましい

ほとんどのクライエントは動作の不調は変えられないと思っているために，動作の不調をそのまま放置しておき，だんだんそれを積み重ねてしまい酷い動作不調を抱えてしまう。この動作不調をなるべく早く軽減，解消することはこころとからだの両方にとって望ましいことである。

5) 動作の不調を治せるのは当人自身である

この動作の不調を自分自身が治せるということ，むしろ治せるのは自分自身の努力しかなく，それ以外の力（他人や薬）は補助的な役割に過ぎない[注1]。

注1）補助的な力：ここで「他人や薬」は補助的と表現しているが，補助的な力＝重要でない・必要ないと誤解を招かないように気をつける。環境や周囲の人々，薬剤はクライエントのなかでどのように役に立っているかは個々の事例によって異なる。「補助的な力」とは，クライエント本人の変化で将来的に頼らなくてよくなる可能性があるもの，必要なときに頼るものと考える。

6）自己治療である動作療法

　動作療法は自己治療であり，治してもらうのではなく自分で治す治療である。また自分のことは自分が最も分かるはずなので，動作療法に取り組むことで自分自身について理解を深めることができ，自分に最も適したやり方で自分を治していくことができる。動作不調を変えることは不適切な物事への対応，つまりその底にある自分の弱さに出会い，認め，立ち向かい，克服することでもあるから，動作療法は自分に厳しく，しかも自分に優しく対応する練習でもある。動作療法には治療課題があり，課題にはいろいろな種類があり，クライエントに適したものを援助者が提案する。また，自分で治すものと言っても必ずセラピストが援助者として付き添い，一緒に課題に取り組む。

7）動作療法への同意は大切である

　動作療法はクライエントの主体性が必要な治療である。クライエントから「やります」「おねがいします」という言葉を得る。治療意欲をひきだせることが治療成功の鍵である。

コ ラ ム 「こころ」の相談でなぜ「動作」が扱われるのか

　こころに問題がある人はたいていからだに不調が表れている。人は生きていくために周囲を気にして力をいれて暮らしている。そして余計な力が慢性的に入ってしまうと筋肉は動きにくくなり痛みに繋がっていく。この動きにくさや痛みはそもそもクライエントが自分で作り出しこだわっているものである。自分が生きていくために無意識に作り出してきた動作を意識化して自由にできること，硬直した反応の仕方から抜け出すことは，このこだわりから抜け出すことに繋がる。こうして動作課題に取り組み，動作が自由になっていく中でクライエントはこころの問題だと思っていたものからも自由になっていくと考えられる。

D. インテーク——からだを調べる・不調の形を調べる

　クライエントの「動作療法に取り組む」意志が確認ができたのち，インテークで動作療法の課題選択の準備を始める。インテークでセラピストは1）動作の不調を観察し，2）不調の部位を観察し，3）確認し，4）クライエントが目指すべき動作を具体的にイメージする。

1) 動作の不調を観察する

　クライエント全体をみる意識で動作の不調を作り出す因子，それに伴う感情，不調の種類を意識して観察する。

　①動作の不調をつくるもの

　　・当人の癖，習慣，年齢，老化など（外的なもの）例：PCやスマホの使用，車の長時間運転，同じ姿勢での長時間の作業など

　　・不安，恐れ，こだわり，怒り，落ち込み，緊張感，悩み（内的なもの）
　　　　例：緊張感の強い仕事，背中を丸めて耐えているような恐怖感など

　②動作の不調で引き起こされる感情

　　・こころの不安定さ，とらわれ，こだわり，悩み，現実感のなさ

　　・不安焦燥，よくうつ気分，緊張感

　③クライエントが感じる動作不調の種類

　　・だるい，重い，突っ張る，硬い

　　・動かない，勝手に動く，痛い

2) 動作不調の部位の観察

　からだの不調動作をより詳細に，かつ順序立て見ていく。

　この時，1）の項目を意識しながらからだの様子を観察し，クライエントの訴えがない部位も観察していく。動作療法の観察の主眼は動作であるため関節をどう見るかが重要となる。筋力・重力などの制限の中で目的をもった動作を行う場合，変化がみられるのは関節だからである。後述する部位と見

るポイントを参考に，気になるところをチェックし，記録する。記録用紙の例として Check List（図 4-2）を示した。Check List（図 4-2）は上半分が観察した「部位」，その下は「姿勢」の記載に当てられている。最下部左には図での書き込みが必要な場合のイラスト，その右には問診・インテーク時に有無を確認しておきたい疾患が上げてある。この Check List は事例の検討（例えばある特定の訴えとクライエントの姿勢の特徴の関連性，治療経過の中での姿勢の変化など）や自分が援助しているクライエントの姿勢の傾向を振り返ったり，複数の事例を比較するときに役立つように考えてある。

●部位と見るポイント

①躯幹部：主に坐位での観察。クライエントに動作を指示して動かしてもらってもよい。屈伸が中心となる上肢や下肢と違い，動きは硬いか軟らかいかに注目して観察する。

（ア）頸：頸をどこで曲げているか。どこをつきだしているか。

（イ）肩：肩が硬いか軟らかいか（実際はクライエントに了解を取った上でセラピストが前後上下に動かしてみると分かりやすい）。

（ウ）背中：円背（猫背）か平背か，脊柱の両側に強い筋緊張がみられるか（脊柱起立筋）。腰：腰の反りが強いかどうか。どの位置で反っているか。

②上肢（左・右）：主にあぐら坐位での観察。クライエントに動作を指示して動かしてもらう。

（ア）肩関節：腕が挙がるかどうか。

（イ）肘関節：屈伸に問題がないか。

（ウ）前腕：肘を固定してひねれるかどうか。

（エ）手首：屈伸に問題がないか。

（オ）手のひら：硬さ，握れるかどうか。MP（中手指節）関節で曲がるかどうか。

（カ）五指：指の動きに問題がないか。

③下肢（左・右）：坐位または立位での観察。クライエントに動作を指示して動かしてもらう。

 （ア）股関節：屈曲・伸展できるかどうか。

 （イ）膝関節：屈曲・伸展できるかどうか。

 （ウ）足首：屈曲・伸展できるかどうか。

 （エ）五趾：趾が曲がっていないかどうか，指先があがっていないかどうか，外反母趾の有無。

④姿勢・歩行：「姿勢・様子」の観察が中心となる。

 （ア）膝立ち姿勢：腰の反り。股関節の屈曲・過伸展（反張）・左右差。

 （イ）立位姿勢：立ち姿の前傾，後傾，左右差，左右ねじれの有無。腰の角度・股関節の屈曲，過伸展（反張）・左右差。膝の屈曲・過伸展（反張）・左右差。足首が屈曲できるかどうか。足の裏：立位で足の裏がぺたんとつくかどうか。五趾：趾が曲がっていないかどうか・指先があがっていないかどうか・外反母趾の有無。

 （ウ）歩行：歩く姿・歩幅・利き足・その他の特徴。

 腰・股関節・膝・足首は坐位・立位の両方での観察となり，①「躯幹」，③「下肢」と④「姿勢・歩行」で重複しているが，①「躯幹」，③「下肢」では坐位でのこれらの「部位」，およびその「部位の可動性」の観察が中心となり，これに対して④「姿勢・歩行」では立位で重力がかかった状態の各関節の動き，関係性が観察の中心となる。

3）動きの確認

 訴えの聞き取りと観察の結果，気になった部位をピックアップしクライエントに動かしてもらい観察する。例：肩こりの訴えがある事例では肩の上げ下げ，あぐら坐位で骨盤が立たない人には坐位前屈のような動きなど。状態を確かめるため他動的に動かすこともある。

E. 課題を選択する

　クライエントが動作療法に取り組むことに同意したら，セラピストはクライエントにどのような動作課題を選ぶのかを決め提案する。クライエントのからだは動かせなくて動かなくなり，動作不調が生じており，この場合，ほとんどがどこかに居坐り緊張を作り出している状態であり，この居坐り緊張を動かそうとすると痛みが生じることが多く，クライエントは動かすことに恐怖感や警戒心を抱いていると考えられる。セラピストはこの居坐り緊張を解消し動きが楽になるような動作を考えて治療課題とする。すべてのクライエントに合わせてオリジナルな課題（個別課題）を設定することが望ましいが，セラピストが初心者の場合，現実的には個別課題の設定は難しい。からだへの緊張の出方，動作不調にはパターンがみられ，動作療法にはこのパターンに対応できる基本課題が用意されているので，初心者はこの基本課題から適切なものを選択しセラピィに用いればよい。この基本課題はシンプルで難しい動きではないが，これらの課題は居坐り緊張と向かい合えるように作られているため，課題を行っているとクライエントはいつもと違う動きに戸惑い，不安，困難さ，時には恐怖感，痛みを感じ，課題と異なる動きで逃げたり，ごまかしたりしようとする。基本課題であれ，個別課題であれ，セラピストは課題に取り組むクライエントに寄り添い，向かい合い，クライエントが動作感を取り戻し最終的には主動感と動作感の一致が得られるようにしっかりと援助をしていかねばならない。セラピストはそのために最も適した課題を選ぶ。

1）課題選択のてがかり

　動作課題の基本課題は現在のところ，躯幹・四肢・姿勢に分類できる。クライエントのからだの症状が明確な場合は症状と関連する部位を基準に課題を選択する。例えば，肩こりや頭痛があるなら肩上げ下ろし・肩ひらきなどを，腰痛なら腰ペコ・ポコ・タテ真っ直ぐなどを提案する。

クライエントが精神的な訴えのみでからだの症状を自覚していない場合。動作療法に取り組むことを同意したもののセラピストが提案する課題はクライエントにはまったく自覚がない症状・状態から導き出されている。そのため，その課題になぜ自分が取り組むのかをクライエントに納得してもらう手続きが必要となる。加えてこのようなクライエントはからだを扱われるという心構えで相談に来てはいないのでクライエントにとって取り組みやすい課題も大事な選択のポイントとなる。また，取り組む課題が複数候補にあがりそうなら，セラピィを行える環境（椅子か，マットがあるかなど）やセラピストの技量で最も援助しやすい課題を選ぶとよい。

2）基本課題の特徴

　課題の各々の詳しい特徴は他書（成瀬，2014）に譲るとして，対応しやすい症状・留意点の概略を示す。

①躯幹部

　ア）肩周り

　ⅰ）肩上げ・下ろし

　適応しやすい症状：肩こり，頭痛，頸・背中の痛み，肩周りの慢性緊張
特徴：肩こりなどクライエントがよく訴える症状に適応しやすく実施する場所を選ばない。
留意点：①背後からの援助になるのでクライエントが不安感を持たないように説明し援助に入る。②体軸が真っ直ぐになっていない（例えば腰が後ろに倒れ猫背で丸まっているような）場合は体軸が真っ直ぐ立てるように援助をするか，からだが真っ直ぐに立つような課題に先に取り組む。

　ⅱ）肩開き

　適応しやすい症状：肩こり，頭痛，頸・背中の痛み，猫背，肩胸の慢性緊張
特徴：肩こりなどクライエントがよく訴える症状に適応しやすく，実施する場所を選ばない。
留意点：①背後からの援助になるのでクライエントが不安感を持たないよう

に説明し援助に入る。②体軸が真っ直ぐになっていない（例えば腰が後ろに倒れ猫背で丸まっているような）場合は体軸が真っ直ぐ立てるように援助をするか，からだが真っ直ぐに立つような課題に先に取り組む。

　ⅲ）頸左右屈げ

　適応しやすい症状：肩・頸のこり，痛み

特徴：PC 操作，スマホの影響での頸こりを訴えるクライエントが増えており使えると便利。

留意点：①セラピストが課題を正確に理解しないとクライエントの不調を増悪させる。②頸椎症などの罹患者には初心者は実施しない方がよい。

　イ）腰周り　上体前屈（坐位）

　適応しやすい症状：腰痛，肩こり，全身の緊張

特徴：肩・躯幹の緊張をとる，起き上がる動作で軸を立てる，タテ真っ直ぐを感じることができるなど様々な体験ができる。前屈の深さは客観的に分かるのでクライエントにも変化が分かりやすい。

留意点：①あぐら坐位，またはクライエントの股関節が硬い場合は開脚（膝は屈曲していても可）で行う。

　ウ）腰ペコ・ポコ・タテ真っ直ぐ

　適応しやすい症状：肩こり，背中の痛み，腰痛

特徴：躯幹部の課題でもあるが姿勢の課題でもある。骨盤，脊柱の動き，そして重力とあらがえる軸をつくることができるので安定感，安心感を感じることができる。

留意点：①あぐら坐位で行う。②腰椎ヘルニア，すべり症のクライエントに対しては慎重に行うこと。

②四肢

　ア）腕挙げ・降ろし

　適応しやすい症状：肩こり，五十肩

特徴：クライエントの横でも援助ができ，クライエントの表情が観察しやすくやりとりがしやすい。左右の比較がしやすくクライエントにも変化が分か

問診票

氏名　　　　　　　　年齢　　　歳

1）本日の相談内容に該当するものがあれば○をしてください。（複数回答可）

　（ア）こころの相談（例えば不安感や落ち込み，イライラなど）

　（イ）人間関係の相談

　（ウ）身体の不調（例えば肩こり，腰痛など）

　（エ）生活上の問題（例えば学校や職場に足が向かないなど）

　（オ）ストレスマネージメントについての相談

　（カ）カウンセリングに興味がある，または受けたい

　（キ）動作療法に興味がある，または受けたい

　（ク）その他（　　　　　　　　　　　　　　　　　　　　　　　　）

2）今回のご相談内容を他施設で相談したことはありますか。

　　　ない・ある：どこに＿＿＿＿＿＿＿＿＿＿＿＿＿＿＿＿＿＿

　　　　　　　　　いつ頃＿＿＿＿＿＿＿＿＿＿＿＿＿＿＿＿＿＿

3）下記のなかで該当する症状があれば○をしてください。（複数回答可）

　　イライラ・憂うつ感・不安感・肩こり・目の疲れ・目のかすみ・首のこり・
　　頭痛・腰痛・しびれ・関節の痛み・力が入らない・咽頭痛・喉の違和感・
　　声が出にくい・鼻水・鼻づまり・咳・食欲不振・胃もたれ・胸やけ・
　　吐き気・腹痛・不眠・倦怠感・集中力の低下・物音が気になる・
　　日中の強い眠気・動悸・胸の痛み・背中の痛み・めまい・耳鳴り・便秘・
　　下痢・むくみ・頻尿・微熱・湿疹・かゆみ・発熱・寝汗・多汗

4）3）で○を付けた内容で以前に他施設に相談したことはありますか。

　　　ない・ある　→どこに＿＿＿＿＿＿＿＿＿＿＿＿＿＿＿＿＿

　　　　　　　　　　いつ頃＿＿＿＿＿＿＿＿＿＿＿＿＿＿＿＿＿

5）現在治療中の病気がありますか。

　　　ない・ある　→あるとお答えになった方は下記にご記入をおねがいします。

病名	：	状　態	：	服薬	：その疾患での入院の有無
	：通院治療中・経過観察で検査のみ		：あり・なし		あり・なし
	：通院治療中・経過観察で検査のみ		：あり・なし		あり・なし
	：通院治療中・経過観察で検査のみ		：あり・なし		あり・なし

4. 動作療法の具体的な提案　　55

6) 通院はしていないが医師から検査または治療を受けた方が良いと言われている症状はありますか。

ない・ある　→具体的に＿＿＿＿＿＿＿＿＿＿＿＿＿＿＿＿＿＿＿＿

（例）健康診断で心電図異常は指摘されているが通院はしていない

7) 過去に長期の通院または手術を受けたことはありますか。

ない・ある　→あるとお答えになった方は下記にご記入をおねがいします。

病名	:	時期	:	治療
	:	歳ごろ：		入院・手術・その他
	:	歳ごろ：		入院・手術・その他
	:	歳ごろ：		入院・手術・その他

8) 常用している薬がありますか。

ない・ある　→あるとお答えになった方は下記にご記入をおねがいします。

お薬：＿＿＿＿＿＿＿＿＿＿＿＿＿＿＿＿＿＿＿＿＿＿＿＿＿＿＿＿

9) 現在，医師の指示で身体の動きや日常生活で制限を受けていますか。

ない・ある　→あるとお答えになった方は下記にご記入をおねがいします。

それはどんな制限ですか（　　　　　　　　　　　　　　　　　　）

10) 今回，ここに来たきっかけをお教えください

ア）自分で希望した　イ）家族・友人の勧め　ウ）カウンセラー・医師・学校・会社のすすめ　エ）その他

＊＊＊お疲れ様でした。書き終わったら問診票を窓口に渡してしばらくお待ちください。＊＊＊

図 4-1　問診票

問診票解説：この問診票は医療機関以外で用いるという想定で作ってある。そのため医療機関で用いる場合はその医療機関の問診票と内容に重複があるかもしれない。

次頁に問診票の解説を記載する。

設問1）本日の相談内容に該当するものがあれば○をしてください。（複数回答可）：今回の相談内容の確認。ここではクライエントに「身体の不調」が相談の対象となると知ってもらうためわざと「身体の不調」の相談を選択肢に入れてある。また「動作療法」の存在を知ってもらうためにわざと「動作療法」という単語を入れ込んである。

設問2）今回のご相談内容を他施設で相談したことはありますか。：ここでの「他施設」とは病院・診療所・学校・企業の健康管理部門などを言う。相談したことがある他施設が病院や診療所の場合は今回の症状に対してどのような診断がついているのか必ず確認する。

設問3）下記のなかで該当する症状があれば○をしてください。（複数回答可）：クライエントの抱えている症状で主訴として訴えられていないものを拾い上げる。ここでは，こころとからだの症状はわざと混在させて並べてある。また，ここでは動作法を導入するきっかけにできる症状，肩こり・首のこり・頭痛・腰痛などもあげてある。

設問4）3）で○を付けた内容で以前に他施設に相談したことはありますか。：設問3）で○をつけられた症状について医療機関への受診の有無と，受診している場合は診断結果の確認をする。受診していない場合，特に「頭痛」「胸痛」「背中の痛み」「腰痛」などの痛みの訴えは症状が続くようなら一度医療機関に受診することを提案する。

動作療法が他の心理療法と異なりからだを扱い，からだの症状の改善に有効であるが故に必要な注意で，①安静を必要とする病状であるのに動かしてしまうことや，②医療行為が問題解決に有効な状態を無視して漫然とセラピィを行うことを避けるためである。①の例としては急性期の症状，炎症・痛み等が上げられ，②の例としては頭痛（慢性硬膜外血腫なども含め鑑別が重要），甲状腺機能異常や循環器の疾患が上げられる。現実的にクライエントが医療行為を要する状態かどうかを判断することは困難である。筆者の場合は慢性的な身体症状，または気になる症状が継続する場合，初回のカウンセリングではなくてもよいので，どこかでクライエントに医療機関受診を勧めることが多い。もしクライエントにホームドクターがいればその医師が専門でなくても症状について相談することを勧めてもよい（例1，例2）。動作療法の守備範囲は広く，思ってもみない症状の改善に繋がる経験を筆者は度々してき

た。だからこそどこまで動作療法を適応できるかは常に考えるべき問題だと思う。クライエントといっしょに症状改善をめざし動作療法に取り組みつつ，クライエントの抱える症状を観察し，その症状の改善に動作療法が寄与できているのか客観的な評価を心掛けるべきだと考える。筆者は医師として動作療法を行うセラピストに上手くコミュニケーションをとり，医師を上手く使ってもらえればと思う。

　　例1：イライラ・不安・動悸・発汗・肩こり・不眠で更年期障害ではないかと相談に来院。調べると甲状腺機能異常で専門医を紹介したところ即日入院が必要な病態であった。甲状腺機能が安定し退院後，症状の大半は改善したが強い不安感・肩こりが気になり再度来院したので動作療法を導入し，最終的には本人が長年悩んでいた買い物や運転時の不安が解消され日常生活での困難さが改善された。
　　例2：息苦しさ・動きにくさ・手足のしびれ・吐き気を主訴に来院。発達障害とうつ病の診断で精神神経科で20年来の主治医がいる。これらの主訴に関しては主治医が既に呼吸器内科・脳神経内科へ紹介しており原因は特定されなかったとのこと。当院ではクライエントの同意の上で主治医の診察を継続しつつ動作療法を導入した。受診後4カ月で主訴で訴えられた症状は軽減し，その後，長年処方を続けていた向精神薬も減量され始めた。

設問5）現在治療中の病気がありますか。：現在，治療中の疾患を確認することによってクライエントの全身状態を把握することができ，クライエントが最も相談しやすい医療機関が把握できる。

設問6）通院はしていないが医師から検査または治療を受けた方が良いと言われている症状はありますか。：症状や少なくとも検査が必要な状態にもかかわらず治療を受けていない場合もある。そういう場合にはクライエントとの関係が崩れない程度に医療機関受診を勧めたい。

設問7）過去に長期の通院または手術を受けたことはありますか。：手術や入院，過去の治療・リハビリの経験がからだの使い方，こだわり，緊張，恐怖感などに関係している場合もある。

設問 8）常用している薬がありますか。：常用薬を確認する。毎日服用していなくても，度々使うもの，例えば頭痛薬，便秘薬なども含む。処方薬に関しては可能なら「お薬手帳」を見せてもらうと確実である。初回の状況をきちんと把握できれば，その後の経過の中で鎮痛薬や向精神薬の服用の増減を正確に確認できる。このことが病状の改善の指標にできる場合もある（例3）。

> 例3：不安を主訴に来院。頭痛や肩こりがあった。動作法を導入後，頭痛や肩こりが楽になり，不安も軽減していた。処方されていた鎮痛剤の服用が減ったため処方間隔が開いていた。

設問 9）現在，医師の指示で身体の動きや日常生活で制限を受けていますか。：「制限」が有ればそれを確認した上でからだに触れる。クライエントは自分の状態を理解した上で身体に触れようとするセラピストの姿勢は安心感を得る。また，セラピストにとってもクライエントが「制限」をどのように受け止めて，どのように自らの動作を制限しているかを把握することは課題を進めていく上で，またその経過を解釈する上で役に立つ。

設問 10）：ここにきたきっかけを確認する。

4. 動作療法の具体的な提案　　59

記載日　　　年　　　月　　　日

ID　　　　　氏名＿＿＿＿＿＿＿＿＿　　　年齢　　　歳　性別　男・女

主訴：＿＿＿＿＿＿＿＿＿＿＿＿＿＿＿＿＿＿＿＿＿＿＿＿＿＿＿

部位	部位	所見	備考
躯幹部	頸	なし・あり	
	肩	なし・あり	右：　　　　　左：
	背中	なし・あり	円背・平背・
	腰（股関節）	なし・あり	

部位	（右）	所見，備考	（左）	所見，備考
上肢	肩関節	なし・あり：	肩関節	なし・あり：
	肘関節	なし・あり：	肘関節	なし・あり：
	前腕	なし・あり：	前腕	なし・あり：
	手首	なし・あり：	手首	なし・あり：
	手のひら	なし・あり：	手のひら	なし・あり：
	五指	なし・あり：	五指	なし・あり：
下肢	股関節	なし・あり：	股関節	なし・あり：
	膝関節	なし・あり：	膝関節	なし・あり：
	足首	なし・あり：	足首	なし・あり：
	足（裏）	なし・あり：	足（裏）	なし・あり：
	五趾	なし・あり：	五趾	なし・あり：

姿勢	所見	備考（問題となる部位と内容）
膝立ち	なし・あり＊	腰
立位	なし・あり＊	立ち姿の前傾・後傾・左右差・ねじれ
		腰の反り
		骨盤・股関節・膝関節
歩行	なし・あり	利き足・歩幅・左右差
		左にのれる・右にのれる

＊膝立ち，立位の場合「問題なし」とは重力線に合わせてタテ真っ直ぐに立てていることを言う

既往症の確認：
甲状腺機能亢進症 or 低下症・貧血・低血圧症・高血圧症・頸椎症・メニエル氏病・狭心症・逆流性食道炎・てんかん・腎盂炎糖尿病・骨折・ヘルニア・骨粗鬆症
その他（　　　　　　　　　　）
主治医からの指示　なし・あり

図 4-2　Check List

りやすい

留意点：坐位で行う。

　イ）立位膝前屈げ出し

　適応しやすい症状：ふらつき，膝関節・足首・脚の痛み，不安定感

特徴：四肢の課題でもあるが姿勢の課題でもある。大地をしっかり踏んでいる安定感，重力を感じることができる。

留意点：背後からの援助になる場合が多いのでクライエントが不安感を持たないように説明し援助に入る。

（錦織恭子）

参考文献

成瀬悟策（2014）動作療法の展開—こころとからだの調和と活かし方．誠信書房．

5

治療課題の実現過程
——課題動作の進め方——

A. 動作面接の援助の仕方

1）治療課題実現を援助する

①動作を手段とした援助法

　動作療法は，動作を援助の手段とする。この点がことばを中心とする従来の心理療法とは異なる新しい心理療法である。この動作による援助は，広く一般の人に適用され，心理的な問題を抱えるクライエントや，とりわけ，ことばを使うことが難しい障害者，高齢者，乳幼児の心理臨床場面においても非常に有効であることが多くの事例を通して知られている。

②こころの問題はからだに現れる

　面接場面で治療課題に取り組む際に，クライエントの頭には，"あれ"，"これ"，"それ"などの事柄や思い出，イメージが浮かび，それらを口にすることがある。セラピストはその思いを受け止めつつも，話の内容には深入りせず，その時の声の出し方や，からだの震えなど，クライエントの様子を注意深く把握する。なぜなら，こころの問題は，からだに現れるからである。動作面接では，このからだを通して表現されるこころの問題を取り扱う。それゆえ話が一段落したところで，クライエントが集中して課題に専念できるよう促す。そして実際に見られるクライエントのからだの動かし方，そのときの感じ方，すなわち，今，ここでの動作による体験の仕方を重視する。

③動作不調を改善する

　動作療法がめざすのは，クライエントが自らもたらした動作不調を改善するために，不活性化しているクライエントのからだを自分で適切に動かし，精一杯，活性化させることである。その治療課題の実現過程では，クライエントが自分のからだのどこをどのように動かせばよいのかが明確になり，そのポイントをとらえて動かせるようになることが重要である。したがって，めざすのはうまく動かせない部位を動かせるようにすることであり，その結果として弛むことはあっても，弛めることがねらいではない。

④援助者の基本的心構え

　動作療法は，治療課題のめざす動作をクライエントがひとりで行えるようになることを目標とする自己治療である。その治療の基本課題は，前章“4　動作療法の具体的な提案”における“基本課題の特徴”で述べられているように，肩や腰周りの関節部位を届げたり，伸ばしたりする，本来ならば容易にできるはずの動作である。しかし課題のやり始めは，本来動かすべき部位とは異なる他の部位に力が入ったり，知らず知らずのうちに頸や体軸を傾けてしまったりと，なかなか思うようにいかないことが多い。そこでクライエントがどのように動かせばよいかを分かるために，セラピストの援助が必要になる。まずはセラピストがクライエントの動きを注意して見ながら，その動かし方の特徴をとらえる。そこで逸脱した動きが見られれば，それがその時点で動かしにくくなったクライエントのいわば“逃げている”状態であることを理解し，励ましながらその修正を促す。例えば，肩上げ課題の最中に頸を届げれば，その場で，＜今，頸が少し傾きましたね。気がつきましたか。その頸を真っ直ぐに戻しましょう。そうです。その感じです。＞とことばをかける。肩ではなく肘を上げそうになったら，即座に，＜肘を伸ばしましょう＞と注意を促す。そうしたセラピストの伴走を得て，クライエントが課題通りのコースで求められる動きを進めることにより，不活性化のもとにある居坐り緊張にぶつかる。そこから逃げることなく目指す部位のみ，ただその一点を動かすよう努力することで活性化し，固まっていた部位を動か

せるようになっていく。このようにセラピストの示す治療課題に従って，自らの動きを調整し，やがてはひとりで課題動作の達成を目指すこと，それが動作療法の基本的な枠組みである。

　しかしながら中には，自分ひとりで動かそうとしても最初に全くその感じがつかめないクライエントもいる。どうしても動かせないときは，セラピストが手を添えて目指す動きを明確に伝えることが必要な場合もある。しかしそのときの力の入れ方は，必要最小限に留める。なぜなら動作面接でセラピストがクライエントのからだに手をあてるのは，クライエント自身が自分で適切に動かせるように援助するためであり，セラピストが力を入れて先導するように動かすことではないからである。そうした手の当て方についての細かな配慮は援助の要とも言えるので，治療課題全般に共通する"手による援助の利点と留意点"を後述の節 A-4）に示している。その他，具体的な援助の仕方は，治療課題によってそれぞれ異なるため，実技の研修会等できちんと習得することが肝要である。

2）援助者の位置

　課題によって，クライエントの背後・左・右側面に位置することもあれば正面で対面することもある。いずれの場合もクライエントとセラピストの間に適切な距離を保ち，クライエントの姿位全体がとらえられるように位置することをこころがける。それにより課題となる部位以外にも目を向け，課題遂行中のクライエントの姿勢の崩れや体軸の歪み，頸の傾き等がないかを確認する。

3）援助者の姿位

①クライエントと同じ目線の高さで，安定した姿勢をとる

　セラピストは基本的に，クライエントと同じ目の高さで安定した姿勢をとる。あぐら坐りの課題では，図5-1のように，クライエントの真後ろでセラピストもあぐらを組み，軸を真っ直ぐに保つようにする。必要に応じて，と

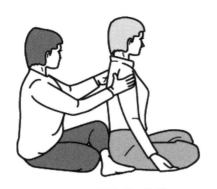

図 5-1　援助者の姿位

きにはクライエントと同じ姿勢をとってみることで，そのときのセラピスト自身の内なるからだの感じや内動を通して，課題動作実現中のクライエントの気持ち（動作感）に共感しやすくなる。

②体軸の安定

　セラピスト自身の体軸がタテ真っ直ぐに安定した姿勢をとる。セラピストの姿勢が定まらないままであれば，自らが不安定な感じになり，クライエントの微妙な動きをとらえられないばかりか，セラピストがクライエントに寄りかかってしまうことも少なくない。また手指の細かな調整で効果的に援助するにも，セラピストの体軸が安定した姿勢は欠かせない。

4）手による援助の利点と留意点

利点
　①クライエントが動かすべき部位を，より明確に意識しやすい。
　②セラピストは当てている手を通して，刻々と変化する力の入れ具合や緊張感など，クライエントのこころの在り様を文字通り手に取るようにとらえやすい。
　③クライエントの動作が課題と異なる動きになりそうなとき，その初動で，もしくは未然に止めるように手を当て，クライエントに正しい動かし方を再度意識づける。

留意点
　①セラピストが援助の手をクライエントに当てるとき，＜肩に手を置きますね＞などの声かけを事前に行う。
　②手のひらが浮かないように当てる。このとき拇指と対向する4本の指は，

隙間ができないように揃えておく。セラピストは自分の腕・手指に力を入れ過ぎないようにする。

③援助する際のセラピストの手は，基本的に軽く当てておくだけにし，クライエントに頼らせ過ぎないようにする。

④セラピストの方から動かそうとせずに，クライエントの動きを待ち，それに合わせてついていく。

⑤援助の手を外す際にもいきなりではなく，先に声をかけて，クライエントにその心づもりができるよう，外すタイミングに配慮する。

⑥手による援助は必要最小限に留め，最終的にはクライエント自身が自分の問題として，動作を行えるようにする。

5）治療課題の説明

　自分で拵えた動作不調は自分で解消し，治していく他はない。そのための自己治療と覚悟を決めたクライエントが，これからいよいよ治療課題に取り組むことになる。そこでクライエントが練習を重ね，抵抗や痛みの体験，その乗り越え，主動・主動感と動作・動作感の一体化を身につけていくといった動作療法の治療過程が始まる。そのためにセラピストは，クライエントが課題動作をきちんと理解し，課題通りに実現できるよう具体的に説明する。

B. 動作療法面接の実施計画

1）面接室の環境設定

①クライエントが来談する前に，スペースの準備をあらかじめ整えておく。あぐら坐位や仰臥位・側臥位の課題を行うことを想定して，床にある程度弾性のあるセラピーマットなどを敷く。畳2畳ほどのスペースを確保できるとよい。

②クライエントとセラピストが異なる性である場合には，課題遂行中にその部屋があまり閉鎖的にならないように配慮する。

2) 1セッションで実施する課題

　週1回の面接の場合，基本的に1つの課題をじっくり行う。課題を十分に練習し，そのクライエントにとって，その都度，それが“精一杯”というところまで取り組む。その繰り返しの中で，居坐り緊張がなくなり，その課題が一応ある程度できるようになったら，次の課題を取り入れていく。

3) 1セッションにおける時間配分

　全体でおおよそ1時間程度

【課題説明】　5 ～ 10分

　セラピストが最初にモデルとなり，実際にやってみせる。

【動作練習】　30 ～ 40分

　1つの同じ課題をある程度できるようになるまで繰り返す。回数を増すごとに以下のような課題理解の進展が期待される。

　　1試行め：初めてのクライエントにとっては，よく分からないままやっ
　　　ている。

　　2試行め：1度経験した後なので，何となくこんな感じというのがクラ
　　　イエントに分かってくる。

　　3試行め：セラピストは，クライエントがどこに力を入れたらよいか，
　　　どう動かせばよいかなどのポイントをきちんとつかめるようにする。

　　4試行め以降：課題が一応できるようになるまで行う。

【セッションのまとめ】　5 ～ 10分

　①この回で体験したことについて，クライエントの感想をきく。

　②次までにクライエントが，自宅で練習する課題を確認する。

C. 動作法実施——右肩上げ・下ろし課題を例に

1) 肩上げ・下ろし課題の説明

　課題動作を説明する際には，クライエントが理解し納得できるように，課

5. 治療課題の実現過程　67

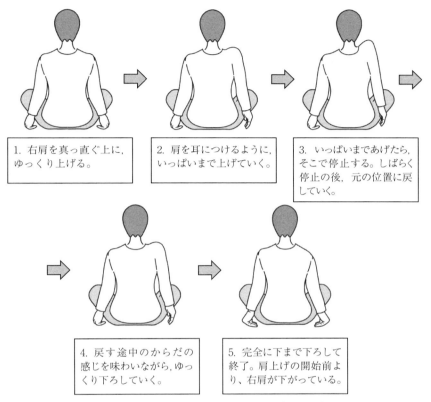

図 5-2　肩上げ・下ろし課題のプロセス）

題動作となるからだの動かし方，動かすコースをまずセラピストが**"やってみせる"**。その後にクライエントに**"させてみる"**。そこでクライエントが努力する過程を**"褒める"**ことで，クライエントの積極的・主体的な課題への取り組みを促す。セラピストはモデルを示しながら，図5-2に示すような一連の動作に合わせ，説明のことばを添える。

　＜今から右肩上げをやります。右の肩先を耳につけるつもりで，右肩だけを真っ直ぐ上に上げます。できるだけ高く上げて，ここが"精一杯"のとこ

図 5-3　あぐら坐位

図 5-4　援助の脛の当て方
⇨部分の骨盤上端をセラピストの脛で押し込み、クライエントの腰を立てる。

ろまで上げたら，そこで止めて，しばらくその感じを味わいます。そして再びゆっくり下ろします。戻す途中のからだの感じを味わいながら，ゆっくり下ろします。＞

　このときの"精一杯"は，骨格構造上の限界ではなく，動作不調により「痛くて，これ以上動かせない」というクライエントの主観的な限界である。それゆえ動作不調の改善に伴って，その限界は変化し得るものである。

2）クライエントの準備体勢をつくる

　肩上げ・下ろし課題に取り組む際の基本姿勢は，安定したあぐら坐位である（図5-3）。前に組む両脚は重ねず平行に揃え，腰，背骨，頭をタテ真っ直ぐにする。この姿勢をきちんととることにより，その後の肩上げ課題が非常に楽に行えるようになる。

　クライエントの腰が後傾している場合は，背後からセラピストが脛をあて，クライエントの骨盤上端をきちんと押し込む（図5-4）。クライエントの腰が反らないように，後ろに出過ぎないように真っ直ぐの位置で固定する。

　あぐらを組んだ際に，膝が床から高く浮き，安定しない場合は，組んだ足

の上に，腰をすっぽり乗せるように落としてみると股関節周りが弛み，再度あぐら坐位に戻った時，床面に膝を近づけやすくなるので試してみるとよい。

それでもあぐら坐位が難しいクライエントの場合は，正座，あるいは椅子坐位でもよい。

3）開始

セラピストの援助により，一緒に練習を始める。

① 1 試行め

＜私がお手伝いしますので，一緒にやってみましょう。＞

＜骨盤を立て，上体をタテ真っ直ぐにして，両腕は体側にそって自然に下に下ろし，肘・手・頸の力を抜きましょう。下腹にやや力を入れて，気持ちを整えましょう。＞

クライエントの姿勢がタテ真っ直ぐに安定したところで，

＜右肩を真っ直ぐ上に，ゆっくり上げましょう。＞

②初期抵抗と他動補助

最初の動き始め，すなわち "**初動**" が難しい場合は，そっと促すように＜こう，動かしましょう＞と "**他動補助**" で動かし方から手伝う。このときの "他動補助" とは，クライエントが自分で動かせないときに，課題にそった方向へ，セラピストが他動で押したり，引いたりして，クライエント自身の動きを誘う援助である。基本的にはクライエント自身が自分でできるようにするため，必要以上の力を入れないようにする。そっと誘うようなわずかな他動補助では動かず，変化に対する "**抵抗**"（"6. B-2) 変化に対する怖れ — 現状固執" を参照）が見られる場合には，もう少し大きく他動で動かして，動かし始めの感じが分かるようにする。順調に動き始めたら，＜そうそう，そうです＞などのことばかけで，その動きを肯定的に認め，フィードバックする。

クライエントの肩が上に動き始めたら，援助の手はごく軽く当てたままで，ただついていくだけにする。そのときのセラピストの手は，クライエントの

手のひらを浮かせない。柔らかく包むように当てる

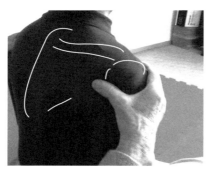

親指は肩峰の下・上腕骨大結節内側あたりに引っかける感じで

親指は肩峰の下。上腕骨大結節内側あたり(肩甲棘下縁)に引っかける感じで当てる

他の4本の指は軽くそろえる

図 5-5　セラピストの適切な手の当て方 (『目で見る動作法』より)

5. 治療課題の実現過程　71

上からつまむ

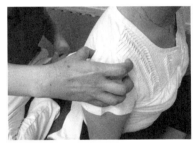 

わしづかみ

図 5-6　不適切な手の当て方（『目で見る動作法』より）

右の肩を横から柔らかく包むように当てる。このとき手のひらが浮かないようにするなど，気をつける点を図 5-5・5-6 に示している。セラピストの左手でクライエントの左肩が動かないように，また上体が左右前後に傾かないようにする。

　③課題動作と自分の動きのずれに気づく

　1 試行の間にセラピストは，クライエントの動きと課題動作として本来めざす動きの間に，どのようなずれや随伴緊張があるかを見ておく。そこで見られたずれを修正するために，例えば，肩が前に出ていたならば，＜今のは少し肩が前に出ていましたね。自分で気がつかれましたか？＞とフィードバックする。そして次に上げるときは，＜今度は，肩をもう少し後ろに引いて，このように真っ直ぐ上げましょう＞と，その都度，正しい動きを示しな

がら，修正を促す。このように課題に応じて真っ直ぐ上げることで，痛みが出てくることに気づくような体験に導く。

④主動感と動作感を意識する

＜肩を上げていくとき，自分で動かす感じ（主動感）と，からだが動く感じ（動作感），変化していくからだの感じをじっくり味わいながら，ゆっくり進めていきましょう。＞

⑤主動感と動作感をじっくり味わう

＜肩をいっぱいまであげるのに早く到達しようとするのではなく，動かす感じ（主動感），動いていく感じ（動作感），そのときのからだの感じをじっくり味わいましょう。＞

4）思ったようには動かなくなる

①主動と動作の調整

課題達成に専念しているうちに，＜動かそうと思って努力しても，からだが思ったように動かなくなりましたね。動かそうとする気持ちが強くて，力を入れ過ぎているからでしょう。からだの動きをじっくり味わいながら，動かしていきましょう。＞

このように課題を達成しようという思い（主動）が先行し過ぎて，からだの感じや動きに十分，注意が向けられず"主動優位"の動きがみられた場合は，そこで，＜今，力が入りましたね。動かそうという気持ちを少し弱めて，調整してみましょう。＞

②途中でコースから外れる

課題を進める途中，真っ直ぐに上げているつもりでも，実際には肩を前方へ動かしたり，後方へ反らせたりするような"コース外れ"の抵抗が見られる。これは，課題通りの動きがきつくなり始めたサインであり，コース通りではきついので，楽なコースに逃避している状態である。しかしそのことにクライエント自身は気づかず，そのまま上げようとする。コース外れの対処として，その逸れ始めの瞬間をセラピストがしっかりとらえて，出鼻をくじ

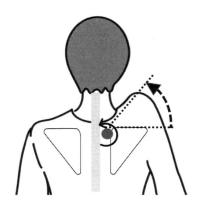

図 5-7　肩上げ課題の支点

背骨と肩甲骨の間（●の位置）を支点とする。
その支点を軸にして回転させながら，肩先（肩峰）を耳につけるように上げる。

くように留め，すぐに課題通りのコースに戻す。またクライエントに＜外れた感じが自分で分かりましたか？＞と尋ね，クライエントが捉えているからだの感じ，動きの感じを確認する。分かったら元にもどし，＜改めて修正しながら進めましょう。＞　このとき肩先と肩甲骨の他端から背骨側1センチほどの部位を"支点"とし（図5-7），それを回転の軸にして肩甲骨を回転させながら，肩先が弧を描くようなコースで上げていく。このときの"支点"は，めざす動きを引き出すための力を入れるのに，意識すると分かりやすい部位である。またコースは，タテ真っ直ぐに立てた上体の延長線上にある平面に沿って，半円を描くようにイメージすると，課題に応じた適切な方向の動きが分かりやすい。

5）痛みの処理から"ここまでで精一杯"

①痛みへの対処

途中で動き難さが目立ってきたら，＜痛みが出てきましたね。そこで"痛いナァ"とからだの感じを感じながら，注意して待っていましょう。＞（「痛

み」についての詳細は，"7　痛みへの対応・処理"を参照）

　　〜痛みが出てきたときの対応のポイント：そこで逃げない，頑張り過ぎ
　　ない〜
　　○痛いからだの感じをじっくり感じる，味わう。「痛いナア〜」
　　○痛みから逃げず，痛むままに受け取り，からだで感じる。
　　○気を張って痛みを遮二無二に耐えようとするのではなく，からだの感
　　　じに任せる。そうすることでしばらくすると痛みの感じが薄れ，すっ
　　　と消えやすい。

　②「ここまでが精一杯」

　毎回の試行で，これ以上は動かせないという"いっぱいまで"上げること
を目指す。その時点でこれ以上は無理という精一杯のところまで上げたとこ
ろで，セラピストはクライエントの努力をねぎらい，＜ここまでよくがんば
りましたね。そのまま，今のからだの感じをじっくり味わってみましょう。＞

6）もとに戻す・最後までじっくり味わう。

　①脱力ではない，"下ろす"動作

　精一杯，高く上げたところでしばらく停止の後，＜今度は下にゆっくりと
下ろしましょう。からだの感じを味わい，上げたときの体験を思いだしなが
ら，元の位置まで戻しましょう。そのときにリラックスや脱力するのでなく，
ゆっくりじっくり"戻す"という動作をします。戻す途中の痛みや動きの感
じ，さきほどの感じ，それとは違う変化の感じに注意しながら，元に戻して
いきましょう。＞

　②最後までゆっくりじっくりからだの感じを味わう

　＜ゆっくり，じっくりからだの感じを味わいながら，下ろしていきましょ
う。そうです。すっかり力を抜いて，十分に下まで下ろしましょう。＞　こ
のとき，クライエントによっては，ゆっくり滑らかに下ろす感じがつかめず，
ガクッ，ガクッと脱力し，途中で動きが停まるようになることがある。その
ことをクライエントに伝え，先ほどとは異なるやり方，すなわちゆっくり滑

らかに下ろしていくやり方を意識づけるように促す。それでもひとりではう
まくいかない場合は，セラピストの手で軽く支えながら急に力を抜かないよ
うに援助する。最後まで下ろしたところで，＜いいですね。すっかり下ろし
て，変化していく肩の感じをしばらく，また味わいましょう。＞

7) 課題練習を繰り返す

① 2 試行め

1試行めに行った内容を繰り返す。＜これまでやったのと同じ課題を，最
初から，もう一度進めていきましょう。2回めの試行です。途中では，1試
行めと同じ感じで進むかもしれませんが，それとは異なる新しい感じで体験
するかもしれません。そういう意味で，前回とは違った2回めをやる気持ち
で進めましょう。どうぞ。＞

1回目は，クライエントにとって，何かよく分からないまま，やってみた
感じである。2回目では，こういう感じかなと，要領が少し分かってくる。

② 3 試行め

最初の2回の経験から，課題のポイントがつかめるようになり，コース外
れなどを自分で少し意識できるようになる。ある程度できるようになるとこ
ろまで十分に練習する。

③ クライエントがひとりでやってみる。

＜最後にもう1回，ひとりで右肩を精一杯のところまで　上げてみましょ
う。どうぞ。＞

1試行めに比べて，肩を楽に動かせていることに気づく。肩周りが軽くな
り，気持ちがよい感じに気づく。

8) セッションのまとめ

① 体験のふりかえり

このセッションの課題実現までのプロセスを振り返り，体験を話し合う。
最初に取り組んだときの，①動かそうとしてもうまく動かなかった感じ，②

主動と動作を分けて感じる動き，③強すぎた主動を弛める感じ，④動作感が
はっきりする感じ方，⑤元に戻すときもゆっくり意識して戻す感じ，⑥戻っ
た後のからだの感じなどを振り返る。これらを通して，動かすときの体験の
仕方がからだに無理のないものへと変化したことに気づく。

なお体験の仕方に関する主動優位からの変容については，"8章 課題実
現過程における主動感と動作感の調整・調和"に詳述されている。

②次回までに自宅で練習する

＜動作療法は，自分で治すことが基本です。ここで練習したことを自分自
身で進めていくことが，治療効果につながります。そのつもりで今日やった
ことを家でもやってみてください。繰り返し行うことで目標に到達し，課題
を達成することができるようにしましょう。できるだけ精一杯のところまで
肩を上げていきますが，無理矢理に頑張り過ぎないで，からだの感じを味わ
いながらやってください。＞

9）2回目以降の動作面接

①第2回のセッション

前回からこの回までの生活状況と，治療課題について自宅での練習の様子
を話題にし，簡単に話しあう。＜前回は続けて3回肩上げ・下ろし課題を練
習しましたね。この回では，まずご自身で最初に1回，ゆっくり，じっくり
やってみせてください。＞その復習の様子を見て，＜家でもよくがんばって，
練習してこられたのですね。その中でうまくできなかったことや，よく分か
らなかった動きなどがあれば，どうぞ，訊いて下さい。＞と，第1セッショ
ンと家での練習を経て，明確になってきた課題動作について，クライエント
自身の気づきを話し合う。

その後，再び，3回の練習を行うが，＜前回よりも，さらに"精一杯まで"，
コース通りに，滑らかに動かせるよう，練習しましょう。＞

クライエントが自分で自由に練習する自由練習の時間を設ける。＜今回は
ゆっくりじっくりからだの感じを味わいながら，自分のペースで繰り返し，

特に痛みへの対応を丁寧に練習してみましょう。＞クライエントがひとりで
やった後に，改めてセラピストと一緒にやってみて，ある程度要領が分かっ
てきたことを確認する。次回までに家でする課題を＜痛みの対応を中心に丁
寧にじっくり練習してきましょう＞と伝える。

②第3回以降のセッションと肩上げ・下ろし課題の目標到達

　肩上げ・下ろし課題について，2回目と同じやり方で練習を繰り返し，右
肩をほぼ右耳につくほど，いっぱいまで上げられるようになってきたのがわか
る。＜ずいぶん楽に上げられるようになりましたね。楽になった分，いっぱい
まで上げたときの肩の感じもよく分かるようになってきたでしょう。＞というセ
ラピストのことばに，クライエントも納得する。次に上げる方向を少し変えて，
斜め後ろへ釣り上げるように動かしてみる。そこで新たな痛みが出てくるので，
その感じをじっくり味わいながら対応し，痛みが消えるのを待つ。そうして痛
みが和らぎ，消えるというプロセスがここで展開する。痛みが消え，楽になっ
たら，さらに内側に寄せるように動かしてみるなど，肩周りの可動域を拡げ
るように，動かす向き・角度を変えてみる。こうして変化するさまざまな動
きの中で生じる痛みにも，これまでのように対処し，痛みが消える体験，変
化する感じを味わう。さらに進めて精一杯まで上げたところで，一旦，停め，
そのときのからだの感じをじっくり味わう。そして元にゆっくり戻す。

　このように第3回のセッション，あるいはそれ以降の数回のセッションで
は，自ら主動を調整し，からだの感じに合わせた自動をいかして痛みの処理
を行うことができるようになってくる。それにより，現時点でのいよいよ精
一杯のところまで肩を動かすことができるようになれば，右側の肩上げ・下
ろし課題は目標達成となる。

　ここで右肩が楽になった分，対になる左肩との左右差が明確に感じられる
ようになる。そこで今度は左の肩上げ・下ろし課題を右と同様の流れでゆっ
くり・じっくりと練習する。そうして左肩も精一杯のところまで動かせるよ
うになったら，この課題は実現に至る。

　この肩上げ・下ろし課題を最初の治療課題とするならば，その課題達成の

体験から，クライエントには「1つの課題をうまくやれた」実感が得られる。この最初の課題（課題1）が一応しっかりできるようになったら，新たに別の課題を受け入れる余裕が生まれるので，このあたりから，インテークで示されている治療課題の中から，他の1つを課題2として取り入れていく。

③治療課題実現過程に伴うクライエントの気持ち・日常の変化について話し合う

1つの課題を達成した節目に，その実現に向けてこれまでにクライエントが練習し，やってきたことについて，どのような気持ちであるか，その感想をじっくり聴いておく。また日常生活については，どういう変化がみられるかを訊いてみる。それによりこの治療課題実現過程で，クライエントがどういう体験を経験したのかを振り返る。肩上げ下ろし課題の達成により，まずは「肩が軽くなり，楽に動かせるようになった」と，自分のからだの変化に驚くとともに，表情が明るくなることが多い。そこに至るまでには，これまで思うように動かせなかったからだの固さや痛みに直面し，そこから逃げることなく，じっくり向き合うという確かな体験が伴っている。またその過程には，無理矢理動かそうとする主動優位のあり方から，自動するからだに合わせる体験の仕方に変わる道のりを経てきた自分への自信が認められよう。そうした体験の仕方により得られた自信は，からだが楽に動かせるようになっただけでなく，ものの見え方，考え方にも変化をもたらす。こころが前向きになって，さらなる治療課題に取り組む意欲とともに，日常でも積極的にものごとに取り組むようになる。またこれまで拘っていたことをそれほど気にしなくなるクライエントも少なくない。しかしこれらの肯定的な変化について，当の本人が気づいていないこともあるので，節目節目にクライエントとじっくり話し合い，自らの気づきを促す機会をもつとよい。

（吉川昌子）

引用文献

はかた動作法研究会（2013）目で見る動作法．金剛出版．

6

課題実現過程における抵抗

A. 課題実現過程における抵抗

　心理療法において，「抵抗」は，「クライエントが意識的には現状からの変化を望みながら，無意識的には面接の進行を妨げる態度や行動を示すこと。たとえば，遅刻，キャンセル，沈黙，特定の話題の回避，居眠り，時期尚早な終結の申し出，セラピストの介入の拒否，過度に従順な態度といった防衛的な言動」（遠藤，2005）とされている。

　動作療法においても，多くの事例で，クライエントがセラピストに協力しない，課題の受け容れに消極的，動きを出してこない，動きを止めてしまう，コースを逸らす，逆方向に力を入れる，随伴緊張が出る，痛みを訴えるなどの現象が報告されている。

　これらは，不適応状態に陥っていながら，その状況に固執してセラピストや提供される課題や援助に抗って，今までのやり方にしがみつき，変化しようとしないクライエントの抵抗と考えられる。

　動作における抵抗は，具体的に目に見え，手で感じられるので把握しやすい。本章では，課題実現過程におけるクライエントの意識的・無意識的な抵抗について，そしてセラピストがそれをどうとらえ，対応できるかについて考える。

B. 抵抗は何故起こる

1) 自己のこころは緊張をからだに横流しすることで安定を保つ

─ からだの緊張はこころのお守り

　動作療法では，肩こり・腰痛をはじめ姿勢の歪み，過剰な緊張や痛み，動作の不調などの身体症状はクライエント自身がこころの安定を図るために無意識的にからだに力を入れるという誤った努力をすることによって生じるとみなされている。その仕組みについて，成瀬は，「生活上の悩みや不安，こだわりやストレスが生じるはずのところをからだに力を入れて，その緊張感へいわば横流しして，それらに振り回されず，こころが傷つかないように自分で調整しているためである」（成瀬，2009）と述べている。すなわち，人は生きていくうえで様々な悩みや不安，困難や苦痛など心理的な問題やストレスに出会う。そのとき前面にあって，それに対応する"こころ"は意識的な"自己のこころ"である。本来ならば自己のこころが，それらの困難やストレスから発生する悩みや不安などのすべてを引き受け，対応・処理するのが筋なのだが，自己のこころにとって，それは辛く，耐え難いことなので，それを回避するために，からだの特定の部位・部分に力を入れて緊張をつくり，こころの緊張を筋緊張やからだの緊張に変えて，無意識的に選んだからだの「特定の部位・部分」に閉じ込める。それはこころの安定を図るために，本来自己のこころがやるべき仕事を"動作のこころ"に肩代わりさせることであり，こころの問題をからだに横流しすることを意味する。そうすることによって，自己のこころは一時的に悩みや不安から解放され，それなりに安定して，通常の生活を続けることができるわけである。すなわち，動作のこころがつくったからだの緊張が，自己のこころにとっての"お守り"であり，動作のこころは自己のこころの"お守り役"になっているというのである。

　しかし，毎日の暮らしの中では不安や悩みが絶えることがない。強いストレスに圧倒されることもある。その都度，自己のこころがこのような横流しのパターンを繰り返すと，その特定の部位・部分には次第に緊張が積み重な

り慢性緊張になっていく。それはからだ（動作のこころ）にとっては具合が悪いことなのだが，自己のこころはそれを感じてはいるが意識には登らせないようにしているため，からだは次第に不調になり，動作は鈍くなっていく。すなわち，"からだと動作を不調にすることで，自己のこころの安定を保つ"という歪んだ仕組みが生じることになる。

2）変化に対する怖れ　－　現状固執　－　お守り（緊張）を手放せない

　ここで問題になるのは，自己のこころがお守りとして，動作のこころ（からだ）につくらせている慢性緊張が，心身を守ってくれる「真のお守り」ではなく，むしろこころとからだに不調をもたらす「負のお守り」であることである。不調を抱えたクライエントは，現状からの変化を求めてセラピィを受けに来るのだが，それは，たとえ負のお守りであっても大切なお守りを手放すことを意味する。しかし意識レベルではそのことを感知できていない。

　他方，無意識レベルではそれを感知しており，現状からの変化，治ることへの怖れ，これまでの自分を捨てて新しい自分になることへの不安，この後自分がどうなっていくのかが分らないという恐怖を予感している。すなわち，クライエントは意識では治りたいけれど，無意識では治るのが怖いという葛藤状況に陥っており，現状に固執して，動作援助過程の様々な状況・場面において変化することに対して無意識的な抵抗を表出することになる。

C. 抵抗についてセラピストが心得ておくこと

1）クライエントが自身の無意識的な抵抗に気づき，意識化できれば，抵抗は消える

　例えば，動作援助の場面で，クライエントがある動作をすることを教示された場合，自己のこころは指示に従って意識的に"動かそう"と主動しはじめるが，実際に動作を行う動作のこころは，動作不調になることでバランスを保っている状態なので，それを崩すような新しい動作をすることに対して

は怖れや不安を感じる。したがって，自己のこころが意識的に"動かそう"としても，動作のこころはそれに合わせて自動して"動いている""動いているなァ"という具合にはならず，指示とは異なる動きをしたり，勝手な動きをして，結果として無意識的に抵抗することになる。

　しかし，そうしたプロセスを何度も体験し，その都度セラピストに指摘されるうちに，クライエントは次第に自分が意識的には教示通りの動きをしようとしているにもかかわらず，実際には思いとは異なる動きをしていること，すなわち無意識的に抵抗していることに気づくようになる。クライエントが抵抗するのは，その援助が自身の変化を促すための核心に触れる援助であることを意味する。抵抗することを通して，無意識的な動作の仕方に気づき，抵抗を意識化して慢性緊張という負のお守りを手放すきっかけができる。そして，抵抗は消えていくことになる。

　動作療法の目的は，クライエントの動作のこころが已むに已まれず無意識的につくっている慢性緊張が，自らを不調にさせていることを意識化させて，慢性緊張 （負のお守り）を手放して，お守り（慢性緊張）なしでも適応的に生きていけるように援助することである。

2）動作不調は自分が拵えたもの　－　それを納得できると抵抗は軽減する

　「自分で拵えた動作不調は自分で解消し，治していく他はない」とクライエントが覚悟を決めて治療課題に取り組むことについてはすでに述べられている（4章・5章）。

　動作不調や過緊張は，自らが拵えたものであるとクライエント自身が納得し，その気になって治療課題に取り組むことがセラピィの流れに好影響を及ぼし，不要な抵抗が軽減されることに繋がるので，セラピストは援助過程でクライエントができるだけ自然な成り行きで，動作の仕方の不具合・抵抗に自ら気づき，自己治療につながるような援助の仕方をこころがけることが大切である。

　ただし，その方法については，個々のクライエントの状況に応じた創意や

工夫を要する。ことばによる場合でも，クライエントが自分を守るためにやむなく行ってきた無意識的な努力を否定するのではなく，肯定的にリフレイミングして，それをクライエントにフィードバックすることが大切である。たとえば，ユーモア交じりに，＜からだに力を入れて，こころを楽にしてきちゃったのですね＞とか，＜入れた緊張を弛めることがうまくいかなくて，大事に持ち越しちゃったのですね＞などと，問題なのは，"あなた自身"ではなく，"あなたの努力の仕方"，"あなたの体験の仕方"であること，クライエントにこれまでの自分を否定されたり責められたりしていると感じさせずに，"やる気""その気"を引き出すような工夫をすることこそが大切である。

D. 動作援助の開始とともに現れる治療への抵抗

1）課題に対する抵抗

　動作療法では，「クライエントの生活体験に，"治療的な変化をもたらすような体験を治療体験"とし，セッションのなかで，その人がよくなるために必要・有効・有用な治療体験ができるような援助を提供することを目的としている」（成瀬，2009）。そのためには，セラピストがクライエントの姿勢や動作特徴からその体験の仕方を見立て，適切な課題を提供することが必須である。クライエントは与えられた課題を実現するなかで，これまで無意識的に変化を怖れ，現状に固執して避けてきた自らの"こころの不適応と関わっている不調な動作の仕方"に向き合うことになる。そして，逃げずに，今ここでの自体と向き合い，自分のできなさや動作の仕方の不具合に直面して抵抗したり，これまで無視してきた動作の仕方のありように気づいて工夫・努力をくりかえすことで，より適応的な生き方につながる新しい体験の仕方を獲得していく。それはクライエントにとっては決してやさしいことではない。

　こうした困難を予感するクライエントは，課題の受け容れに対して積極的になれず，意識的・無意識的に抵抗する。人によっては，「この課題は自分には難しすぎる」「自分には合わない」と主張したり，課題を誤認して自分

の都合の良いように勝手な動きをすることもあるし，課題への取りかかりの際に，「あぐら坐位ができない」と主張したり，躯幹のひねり課題（以下躯幹のひねり）などでは，側臥位で頭が床に着けられないことを理由に，「頭が床に着かない」と，枕を要求したりするのも抵抗である。

　セラピストはこうした抵抗を想定し，不要な抵抗を誘い出さないためにも，課題に取り組む前に，この課題は，"何を目的にするか，どこまで動かすのか，どんな動き方が望ましいか，痛みが出た時にはどうするか"などについて説明しておくことが大切である。

　それでも，課題を進めるプロセスにおいて，セラピストが，＜この部位を動かしましょう＞＜弛めましょう＞と教示したとき，「難しい」「どう動かしていいのか動かし方が分らない」「力が入らない」「課題通りにからだが動かない」「動いている感じが分らない」「課題は分っているが動作ができない」などと抵抗することがある。

　しかし，クライエントが抵抗する課題にこそその本質が変化する可能性が存在するし，抵抗があるからこそ，セラピストは抵抗を手がかりにして有効な援助をすることができる。

　セラピストはクライエントの抵抗に巻き込まれて，言いなり・逃げ腰になるのではなく，クライエントがどのような抵抗を示すかを想定して，クライエントの気持ちを理解はするが，あくまで，課題を課題通りに進めていく姿勢を保つことが大切である。実は，そのように抵抗している間でも，実際には，求めに応じた動作活動が行われているわけで，文句を言いつつ，仕方なくからだを動かす過程で次第に動きが出てきて，いつのまにか動き方が変化して，緊張が消失し，からだが楽になるという体験をするというのが動作療法の特徴でもある。

　セラピストは，クライエントの自分自身でよくなろうとする生命力を信じて，"あなたならできる"という肯定的な思いをもち，クライエントの症状に沿って見立てた課題を課題通りに実現できるよう援助を進めていくことが望ましい。

2）セラピストへの抵抗

　一般的に，クライエントは，セラピィを受けるために来室・来所するものの，初対面のセラピストを当初から信頼しているわけではなく，内心は疑心暗鬼の状態で観察し，この人は信頼に足る人物か，技量はどの程度だろうかを探り，値踏みしているものである。

　ことばによるカウンセリングの場合，セラピストは，クライエントがこころの悩みや苦しみを訴えると，それを傾聴・受容・共感して問題解決に導いてくれる，すなわち，話の内容を十二分に聴き，要望に応えてくれるとされている。ところが動作療法の場合，インテークにおいて，クライエントの悩みや問題の内容や主訴をしっかり聴きはするが，内容そのものについては深く掘り下げて追求することはしない。なぜなら動作療法においては，内容の捉え方は，その人の体験の仕方によって変化すると考えるので，動作の仕方を変えてより適応的な体験の仕方になることを優先するからである。したがって，話題をできるだけクライエントのからだの不調や動作の不具合の方にシフトし，結果として治療に繋がる動作テストなどをして，からだが楽になる体験を提供するなど，動作に興味・関心を向けていくことが肝要である。

　しかし，クライエントの中には動作をするよりも話の内容をもっと聴いて欲しいと思う人，"果たしてからだを動かしてこころが治るのか"という疑問を感じてその気になれない人，またからだを動かすことが不得手な人もいる。一方セラピストの中には，何が何でも動作療法という者もいる。クライエントがやる気がないのに動作の援助を強制することは，対セラピストはもちろん，動作療法そのものに対しても不要な抵抗や反撥を誘うことになるので，こころして避けなければならない。セラピストはその辺りのクライエントのこころの動きや抵抗を心得たうえで，慎重にセラピーを進めなければならない。

　ところで，前章でも触れたが，動作療法ではセラピストとクライエントが同形の姿勢をとり，からだに当てた手の感触を通してクライエントのこころの動きや気持ちに合わせ，微妙な心身の変化をいちはやく感じ取ることがで

きる。「動作援助を通して共動作・共体験をすることで，セラピストとクライエントの間で育まれる関係は，ロジャーズのいう共感も含めた言語面接をはるかに超えた実感的な共感関係ではないか」と成瀬は述べている（成瀬，2014）。

　＜ここがあなたのしんどいところですね＞＜私がお手伝いしますから，ここに気持ちを向けて少しでもいいから動かしてみましょう＞＜そうそう，その動かし方でいいですよ＞＜ここ（その部位に手を当てて）に余計な力（緊張）が入ってきました＞＜私が支えていますから，このまま，楽になったらいいなあと，からだに任せてしばらくの間，このままで待ちましょう＞＜そうそう。今，弛みましたね。いいですね。その感じです＞＜よく頑張りました。すっかり楽になりましたね＞等々，セラピストの肯定的・共感的なことばかけを伴う適切・有効な援助を体験して，クライエントはセラピストを，この人はこれまで他人に分ってもらえなかった自分のこころとからだの苦しみを理解し，その解消を助けてくれる人だという体験を重ね，強い信頼感が育まれて抵抗は次第に軽減していく。

E. 変化への抵抗，痛み・痛み予感への抵抗

1）変化への抵抗

　クライエントがセラピーに訪れるのは変化を求めてのことであるが，無意識的には変化を恐れて現状に固執することは既述した。クライエントが教示された課題動作を実現できるのは，自己のこころが意識的に動かそうとするのを動作のこころが受け容れて，それに協力して自動するからである。もし，動作のこころが変化恐怖のために，無意識的にからだを動かすことが怖くなり，動かすつもりにならなければからだは動かない。自己のこころが意識的に主動で動かそうとしても，動作のこころが無意識的に拒否・抵抗して，意識・無意識の葛藤が起こってしまう。実際の場面では，逆動作をしたり，目指すコースを外れて楽に動かせるコースへ転移したり，緊張を強めて硬直してしまい，強烈な痛みと出会うことになり，変化することへの抵抗となる。

2）Aさん（女性　50歳代　パート勤務）の事例

　夫のDV（家庭内暴力）に長年耐え続け思い余って相談にきたAさんは，左肩を上げて，背中を丸くし，胸回りを護るような姿勢をしていた。彼女は，こころの苦しみを軽くするために，自分が肩や背中に力を入れているとは想像だにしていなかった。Aさんに前屈げ課題（以下前屈げ）を行った時のことである。

　Aさんなりにいっぱいのところまで上体を屈げていくと，背中の丸く（屈状態）なっている部位が顕わになった。膨らみの根元に援助の手を当て，手のひらを用いて押し伸ばすようにして方向を示し，＜ここに気持ちを向けて，背中が真っ直ぐになるように弛めながら反らすような気持ちで伸ばしていきましょう＞と教示すると，懸命に動作に取り組んでいるように見えるAさんがその部位を伸ばすのではなく，それとは反対の屈げる方向に力を入れて背中をさらに丸くして，緊張や痛みを強めていく様子がみられた。Aさんの自己のこころは意識してその部位を弛めて伸ばそうと主動しているのに対して，無意識的な動作のこころはこれまでの屈状態（慢性緊張）を守ろうとしてさらに強く緊張して自動しているのである。＜今，ここに力が入って，屈がってきたのが分かりますか＞，「いいえ，伸ばそうとしています」。セラピストが動かすべき部位に手のひらを当てて，＜ここです＞「ええッ？」＜ここが分かりますか＞「はァ？」＜わずかでもいいので，ここを伸ばす方向に動かしましょう＞と，動かす方向性を示すように意識しながら手を当てて援助した。

　Aさんは気持ちを集中して自分の背中に気持ちを向けることができなかった。難しいと感じたことに対して，挑戦することなく，すぐに諦めてしまう体験の仕方をしており，動きがなかなか出てこなかった。セラピストは屈の部位を他動的に弛めて真っ直ぐになるように反らせる援助を行った。Aさんは他動的であっても，背中が弛んで真っ直ぐになり，楽になっていく体験を重ねていった。3回目のセッションでの同じような場面で屈の力が入りかけたとき，Aさんはハタと起き上がり，「あッ，

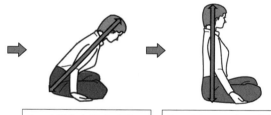

1．準備
＜あぐら坐位になって，できるだけ真っ直ぐに坐りましょう＞

2．＜背中・肩・頭をできるだけ真っ直ぐにしながら，上体をいっぱいまで屈げていきましょう＞

3．＜いっぱいまで行ったらそこで停めて，背中・肩・頭を真っ直ぐにして，からだが弛む感じを味わいましょう＞

4．＜頭から腰まで真っ直ぐのまま起こします。頭から頸・背中・腰の線が真っ直ぐな1本の棒のように感じられるようになりましょう＞

5．＜タテ一本の感じを感じて，それを保ちながら，股関節を支点にして腰に力を入れて起きてきましょう＞＜からだの感じを感じましょう＞

図6-1　前屈げのプロセス

私……，逆のことやってました？」と驚きを表現した。意識では真っ直ぐに伸ばそうとしているつもりなのに，実際には屈げている自分の動作の仕方に気づいたAさんは，これを契機に動作に気持ちを向けられるようになった。そうしたAさんに，＜背中に力を入れて暴力に耐え，これまでよく頑張って生きてこられたのですね。よく頑張りましたね。からだの使い方を工夫して，楽なからだを取り戻して新しい生き方を探しましょう＞と，Aさんのこれまでの努力を肯定的に受けとめたうえ

図6-2　Aさんの前屈げの仕方

で，より適応的なからだの使い方を身につけていくことを提案し，その他の課題も導入しながら援助を続けた。自分のからだを意図通りに動かし，からだがタテになるにつれて，Aさんのこころは安定し，自信を回復していった。そして日常生活における行動が次第に積極的になり，数カ月後には，「配偶者暴力相談支援センター」に相談に行く勇気が育ち，夫との関係をはじめ生活全般がより適応的で好ましい方向に変化していった。

　抵抗は分かりにくいが，動作だからこそクライエントの気持ちが伝わってきて分かりやすい。セラピストはクライエントの変化を恐れる気持ちを受容しつつ，よく観察して気持ちを合わせて，その抵抗の瞬間を捉えて課題通りの動きができるように援助することを身につけたい。

3）痛み・痛み予感への抵抗

　動作療法では，援助する場合でも自己治療をする場合でも，無意識的に緊張して固くなっている部位・部分を動かしていくときには，痛みを手掛かりにする。クライエントはからだに意識を向け動作感を感じながら，痛み感を探りつつ，いっぱいのところまで動かしていく。

　ある部位に慢性緊張を抱えているクライエントは初めから身構えてからだに力を入れており，提示された動作をすると痛い目に合うのではないかという予期恐怖の思い込みが抵抗につながってくる。動作援助を受けるプロセス

で，クライエントが痛いのは自分が余計な力を入れているから痛くなるのだということが体験的に分るまでは，援助の手が触れた瞬間にからだをビクッとさせたり，不要なところに力を入れるので余計に痛さを感じるようである。痛みは意識的にも無意識的にも受け入れがたい苦痛であり，自己のこころにとっても動作のこころにとっても，不安や恐怖をもたらす。ひとたび痛みを経験すると，“羹に懲りて鱠を吹く”のことわざ通り，以後その部位を動かすことへの怖さがつのり，意識では動かしたいし，動かさなければいけないことが分っているし，動かす部位も分ってはいるが，その部位に少しでも力を入れると，余計に痛くなる予感がして，自分が壊れてしまうのではないかという不安や恐怖にとらわれて抵抗することになる。痛みへの対応・処理については，7章で詳述する。

F．抵抗するクライエントに対するセラピストの対応

1）クライエントの抵抗に対応するセラピストの心構え

　セラピストはクライエントの抵抗に対する心構えとして以下のことを心得ておくことが望ましい。

　①提示する課題動作はセラピスト自身も体験・会得していて，この状況になると抵抗としての随伴緊張が現れやすい，動きがきつくなりやすいとか，コースが外れていく傾向があるなど，進行のプロセス，難所の存在について把握しておくこと。②抵抗は無意識的な動作として現れるので，クライエントの微妙な動きの変化を見落とさないこと。③クライエントに気持を合わせて，目で確かめ，触れている援助の手のセンサーを通して共感的に理解しながら援助すること。④クライエントに動作感や自動感を味合う体験の積み重ねを提供することなどである（成瀬，2014）。

2）クライエントの抵抗とセラピストの対応の実際

　動作療法では，課題が異なっても，動かす支点や手を当てる場所，支え方

などが異なるだけで動作課題を遂行するプロセスはほぼ共通している。また，クライエントの抵抗の仕方についても，個々人に特有のものもみられるが，共通している点が多い。成瀬は「なぜなら，力の入れ方や動かし方の基礎になる動作関連の身体構造，神経・筋・骨格上の構造，緊張の仕方，動き方，動かし方やその感じ方，体験の仕方に加えて，そんな人体に及ぼす重力という何人も無視も拒否もできない強烈な力の働きかけなどが，人間である限り全て同じであるためである」（成瀬，2016）と述べている。

　ここでは，①初動が出てこない。②コースから外れはじめる。③からだの感じを感じながらゆっくり動作することができない。④随伴緊張の出現など，4つの抵抗の状況を想定して，ほとんどの課題に共通する"対応の実際"について簡単に述べる。

　①初動が出てこない ── 変化恐怖で変化抵抗がある場合を含む

　どの課題においても，動かすためには，静から動へと構えがシフトする必要がある。たとえば変化恐怖がある場合は，動いたら強い痛みを感じるのではないかという予期不安があるので，自分からは動きが始められないことがある。クライエントは課題通りに動かそうとしているのだが，からだのどこにどんな力を入れたらいいか分からない感じになっており，意識的に動かそうとしている主動と，恐ろしいから動かしたくないという無意識的な自動が葛藤してからだが言うことをきかないのである。こういう場合は，他動補助で動きを手伝う方がよい。

　②コースから外れはじめる

　　── 痛みや緊張を回避して楽なコースへ移行する場合

　コース外れは，痛みを回避するためにクライエントのからだが無意識的に抵抗し，自動している現象である。セラピストはそれにできるだけ早めに気づき，その動きを止め，他動で本来のコースに戻す援助をする。一方，クライエントには，自身が無意識で行っている動きに気づかせ，動きを意識できるように援助をする。うまく修正できないときには，元の位置に戻して仕切りなおす方がよい。

③からだの感じを感じながらゆっくり動作することへの抵抗

課題動作を実現するに当たって，初めから最後まで安定して同じスピードで動かすことはかなり困難である。痛みや抵抗がない場合は，動作感を感じながら安定したスピードで楽に動かせるが，痛みや緊張を感じて抵抗すると動かしにくくなり，もたもたして動きは不必要に遅くなる。また，クライエントが抵抗して課題に真剣に向き合わず，おざなりな動きをする場合にはスピードが速まる。セラピストはクライエントが自らの抵抗に気づき，じっくり動作感を感じながら，安定したスピードで動かせるような援助をこころがける。

④随伴緊張の出現

求められた動作を実現するために，クライエントが所定の部位を動かそうと意図して課題通りの動きをしようと主動するのに抵抗して，それ以外の部位が無意識的に自動する現象が随伴緊張である。クライエントが課題通りに努力して動かしているつもりでも，随伴緊張が伴えば，そちらの方にエネルギーが取られ，課題の実現を妨げる抵抗となる。そのため，目当ての動作を実現するための適切な力を入れることができない。セラピストは随伴緊張の出現に気を配り，随伴する動きに早めに気づいて，クライエントの気づきを促し，意識的にコントロールして，目的の動作に専念できるように援助する（成瀬，2014）。

G. 課題実現過程におけるクライエントの無意識的な抵抗と変化をみる ― Ｂさん（女性 20歳代 会社員）の事例

1) 事例の概要

人間関係がうまくいかず，職場に居場所がなくなり，精神的に不安定になったＢさんは心療内科を受診，うつ病と診断されて1年間の休職中だった。4カ月後には復職の予定。2週に1回通院し，服薬およびカウンセリングを受けている。Ｂさんは会社の上司や同僚から自分がどう思われているか，復帰

後の職場でどのように行動したらよいかを考えると不安になり，毎日うつうつとしている。不眠気味で，肩こり，腰痛があり，からだに力が入らず，長時間立ったり，坐っていたりすることができないため，肉体的にも復職する自信がもてないと来室した。

　Ｂさんは，足裏の踏み方が不安定。頭・頸・肩が前に出て，腰を引き，背中を丸めて視線は下向き。あぐら坐位になると，腰を落とし，やや前傾気味で背中を屈にして頸を縮めていた。動作テストをすると，教示された課題の動作にうまく取り組めず，焦って性急に動かそうとする傾向がみられ，自分が苦手だと感じた課題の受け入れに抵抗して，"今ここ"での現実の自分としっかり向き合えず，現実検討力が低下し，不安定・消極的・逃げ腰になり，前向きの行動がとりにくくなっていることが推測された。

　10回の契約を結び，はじめの４回は，Ｂさんの安眠したい，リラックスしたいとの要望を受けて**躯幹のひねり**を。つぎにからだの感じを感じつつ上体を屈げ，そこからタテになることでこころとからだの安定を目指す**前屈げ**を。加えてタテ真っ直ぐの立ち方を獲得するために**膝前出し・伸ばし課題（以下膝前出し・伸ばし）**を導入した。Ｂさんのからだが楽になり，安眠できるようになったところで，５回目に，**腕挙げ課題（以下腕挙げ）**を導入した。**左腕挙げ**は比較的スムースにできたが，**右腕挙げ**については痛みへの予期不安からか，肩と腕に過剰な緊張をつくり，身を護るように不適切な力を入れて，援助を排除しようとするかのような動作の仕方をし，それまでの課題に対するものとは異なる仕方で応じた。

　しかし，この課題を実現するプロセスで，Ｂさんはさまざまに抵抗しつつも，次第に自らの不可解な，意図に反する動作の仕方に気づけるようになり，新しい努力の仕方を工夫・努力して，これまで過剰に入れていた緊張を手放して，動きをコントロールすることができるようになり，安定したこころとからだを手に入れることができた。また，日常生活でも前向きな行動をとることができるようになっていった。

　以下に，６回にわたるそのプロセスを紹介する。

94

1. 準備
<腰をしっかり立て，その上に上体をタテ真っ直ぐにしっかりのせて坐りましょう＞

2. ＜肘・手首・手・指先までを真っ直ぐに保ちながら，肩の力を抜いて，腕の付け根を回転させて，腕をからだの真正面から真上までゆっくり挙げていきましょう＞

3. ＜手首や肘が屈がらないように。腕の向きや手のひらの向きを変えないように注意しながら挙げていきましょう＞＜痛みが出てきたら，そこで停めて痛みが消えるのを待ちましょう＞

4. ＜真上まで挙がりましたね。よくがんばりました＞＜しばらくそのままの格好を保ちながら，からだ全体が変化していく感じを感じていましょう＞＜腕やからだの感じをジックリ感じながら，ゆっくり元に戻していきましょう＞

図 6-3 腕挙げのプロセス

2) 援助の実際 － 右腕挙げ課題の実現における B さんの抵抗と対処

　右腕挙げ：初回　セラピストが仕方を説明し，モデルを示した後，一人で動作をするように促すと，B さんは肩甲骨ごと肩を前に出し，肘を屈げ，腕を広げて遠回りに素早くスーッと廻し挙げてサッと降ろして，"やりました"といった表情をした。自分ではちゃんとできたつもりだが，緊張部位や痛みを避けた動かし方であった。そこで，援助を始めるにあたり，課題通りにタテ真っ直ぐのあぐら坐位姿勢を整えた。前に出ている肩に手を当てて，＜肩を少しだけ後ろ方向に引きましょう＞と，肩を引こうとすると，B さんはガチっと肩に力を入れて，"引かすまい"とするように前方向に肩を動かして

無意識的に抵抗した。＜肩が前に行きましたが気づきましたか？＞に，「いいえ？」といぶかしそうである。＜ではもう一度。肩に気持ちを向けて。少しだけ肩を引いて，真っ直ぐになりましょう＞と，前に行きたがる肩を引く。＜ここで，しばらく待っていましょう＞と，待っていると，余分な緊張が消失してようやく肩を整えることができた。

　そこで，セラピストはＢさんの右側に位置し，左手のひらをＢさんの右肩峰に当てて支えた。つぎに，Ｂさんの右肘を自在にコントロールできるように右の手のひらを開いて肘を掴むように持ち，下に降ろしたＢさんの右腕全体（肘，手首，手のひら，指先まで）を真っ直ぐに伸ばすように整えてから，＜今の，この肩の位置を保って，肩の力をできるだけ弛めながらこのまま，腕をからだの真正面を通ってゆっくりと真上まで挙げていきましょう＞と促した。しかしなかなか動きが出てこない。Ｂさんは腕を動かすのではなく，肩に力を入れて，何とか肩を上げようとばかりする。その肩を軽く抑えて，＜肩ではなく，腕を挙げましょう＞と伝えるが，どうしても肩にばかり力が入ってくる。＜では，どこを支点にして動かせばいいか，動かすポイントを探しましょう＞と，腕を体側に沿わせた状態で，肩と腕の境目の溝を探そうとするが，肩に力を入れて構えているので，なかなか溝が探し出せない。肩・腕を水平に横に伸ばして，溝を探そうとしても，伸ばすべき手を逆に縮めるように動かして余計に分かりにくくするように力を入れるなど無意識的な抵抗が見受けられた。＜ここかな？＞「うーん？」＜ここかな？＞を繰り返し，協働しながら溝を探し当て，溝に沿って指を当て，肩を軽く押さえて，＜肩を動かさないようにしながら，ここを支点に腕だけをぶらぶら振ってみましょう＞と，腕を振る動きを援助すると，ゴキゴキという音が聞こえてくる。「子どもの頃に脱臼しているから肩はダメなんです」とのこと。＜肩と腕の力を弛められるようになると大丈夫だと思いますが……，試しにやってみましょう＞と，溝にセラピストの左手の指先を当てて，右手でＢさんの肘を挟むように支えて，他動的に動かそうとすると，途端に腕ではなく肩に上げる方向の強い力が入ってくる。それを手とことばで弛めるように

図6-4　Bさんの腕挙げの仕方

促しながら援助していくが，すぐに無意識的な抵抗の力が入ってくる．肩を押さえて，＜今，力が入りましたね．分かりましたか？ここの力を弛めましょう．肩回り全体でなく，腕の付け根を回すようにして腕を挙げていきましょう＞で，再び挙げ始めるが，今度は肘を屈げて肘から引き上げようとするのでそれを止めて，肘を伸ばす援助をする．正面あたりまで挙がったところで肩を前に出そうとするので，それを軽く引いて止める．すると，今度は軀幹部を左に傾けてくる．Bさんは，意識では課題に沿う努力をしているつもりなのだが，無意識的には抵抗して，努力が分散してしまいなかなか課題通りの動きができなかった．

　そこで，一旦止めて，元の姿位に戻り，2回目の試行をすると，正面までは，なんとか挙げることができた．続けて，他動的に援助をしながら，＜力を抜いて，からだの感じを感じながら動かしていきましょう．痛くなったら，その場で停めて，弛むまで待ちしましょう＞を繰り返すうち，150度辺りまでは，何とか挙げられるようになったが，そこから先を動かそうとすると，肩と肘に強い居坐り緊張の抵抗の力が入り動かなくなった．"これ以上動かすと恐ろしいことになるのではないか"と，痛みに対する不安が高まって怖くて動かせなくなったようにみてとれた．Bさんは，「子どもの頃に脱臼したことがあるからこれ以上動かないと思います……」と，その部位に強い緊張

があり無意識的なこだわりがあることを表現した。恐らくことある毎にこの部位に違和感を感じながらも力を入れ続けて，その身構えの仕方が，他者に対しての身構え，警戒するようなこころの構えを生み出し，こころの不適応と動作の不調に繋がってきたことが推測された。＜では，ゆっくり降ろしましょう＞で，挙げたところから，ゆっくりゆっくり降ろしていくのだが，動きのコントロールができず，痛みから逃げるようにスピードをつけて急いで降ろそうとする。それを止めて，＜からだに意識を向けて，ゆっくりゆっくり降ろしていきましょう＞と，痛みから逃げずに，痛みを味わいながら痛みが消えていく体験の仕方を援助する。降ろしきったところで，Bさんはホーッと息を吐いて，「なんだか楽になりました。どうなったのでしょう」と不思議そうだった。腕挙げに手ごたえを感じて興味を示したので，次回以降も続けて行うことになった。

腕挙げ：2回〜4回目　この3回は試行錯誤の連続だった。Bさんは痛みや緊張に出会うと，それを避けて別のコースに移ったり，他の部位に随伴緊張が現れるなど，無意識的に抵抗をしていたが，回を重ねるごとに自らの努力の仕方の問題性（抵抗）に気づいてきた。「私って，なんでこんなにやっちゃいけないことばかりやるんでしょう？　でも，動作ができるとからだと気持ちが楽になるし，前向きな気分になります」と，自宅でも練習するようになった。

　4回目では，痛みへの予期不安と闘いながらもからだと向き合い，力をコントロールしながら何とか真上近くまで挙げていくことができた。また挙げた腕を降ろすについても，動きをコントロールしながら肩や腕・指先までが弛んでいく感じを味わいながら降ろすことができるようになった。できないと思いこんでいた課題を達成する体験を通して，Bさんにはやればできるという自己効力感と自信が育ってきたことが推察できた。

腕挙げ：5回目　ひとりでも熱心に練習しているというBさんは，あぐら坐位になり，静かで落ち着いたたたずまいで，宙を見つめて瞑想状態に入った様子になった。そして自らの動作体験の様子を実況放送するように，「腕

を挙げます。今肘に力が入ってきました。このまま待ちます。（沈黙）　あぁ抜けました。挙げます。肩が痛くなりました。腕が震えています。腕を開きたいです。ここで待ちます。（沈黙）　あぁァ……楽になりました。また動かし始めます」と解説しつつ，緊張や痛みと出会っては，逃げずにそれと向き合って，苦労・葛藤しながら自己処理して，自力で真上まで挙げることができるようになっていた。腕を降ろすについても，これまでは意識的・主動的に動きをコントロールして降ろす感じだったのが，からだに任せて自動する感じになり，「降ろしていくときに，肩や腕・指先に何とも言えない温かなフワーっとなる感じがあります」と，自動感・動作感を味わえるようになってきて，「こうしていると幸福な気もちになります」と言った。腕を真上まで挙げるためには，躯幹部が真っ直ぐになっていなければならない。いつのまにか躯幹部にもしっかりタテの力が入っていることが見て取れた。

　　生活面での変化　生活面でも変化がみられるようになった。トレーナーを華やかなものに変えたり，化粧をして来室するようになった。からだが楽になるにつれて気持ちにも張りが出て，前向きになり，友人とコンサートや小旅行に出かけられるようになるなど生活を楽しむ余裕がでてきた。

　　そして，復帰に備えて，デスクワークができるための坐り方を身につけたいと，セラピストに新たな課題への取り組みを要望し，立位，歩行などの課題にも積極的に挑戦して職場復帰への自信を獲得していった。

　　腕挙げ：6回目（最終回）　左腕挙げにはもともと大きな支障はなかったが，左右のバランスをとるために，**左腕挙げ**を行った。「今はどちらかというと，右の方が楽に挙がる感じかな？」と，これまでの自分の努力と成果を実感するようにつぶやいた。

　　Bさんは，「これまでは，人が信じられず，マイナスのことばかり考えて，不安な日々を過ごし，他人の評価ばかりを気にしてきましたが，今は他人のことがあまり気にならなくなってきました。職場に戻ってもなんとかやれそうな気がします」と語った。そこには，自信を取り戻し，凛としたたたずまいのBさんがいた。

H.　まとめ　抵抗は課題実現のための有効な手掛かりである

　動作療法において，セラピストはクライエントの姿勢や動作からその体験の仕方を見立て，治療課題を選定する。クライエントは提示された課題を，援助を受けながら，課題通りに実現するプロセスで様々な体験をしていく。そこでクライエントは，要求された動作を正しく実現しようとしているにもかかわらず，実際には，無意識的に抵抗して自身の思いや意図に反する動きを行っていることを指摘されて，次第に自らの不適切な努力の仕方に気づくようになり，できないのはできないように自分自身が無意識的に抵抗的な動きをしていることを納得していく。

　クライエントが自らの無意識的な動きを認識できるようになると抵抗は軽減する。そして真剣に課題と向き合い，セラピストを適切に活用することを覚え，より適応的な努力の仕方を身につけていく。自分のあるがままを受け入れ，自己存在感，自己効力感，自己肯定感，自他への信頼感などを獲得して，自己処理・自己治療ができるようになり，成長を遂げていく。

　このように考えると，抵抗が表出されることは決して困ったことではなく，その背景にはクライエントがやむなく無意識化せざるを得なかった本質的なこころの問題の存在があり，日頃は自己のこころの陰に隠れて無視され，見過ごされてきた動作のこころ（からだ：無意識）の声を，クライエントとセラピストとが共に聴くチャンスにつながり，無意識を意識化できる契機になる。抵抗を手掛かりにしてより有効な援助をすることが可能になる所以である。

（中尾みどり）

引用・参考文献

遠藤裕乃（2005）心理療法ハンドブック．創元社
成瀬悟策（2000）動作療法—まったく新しい心理療法の理論と方法．誠信書房．
成瀬悟策（2009）日本の心理臨床3　からだとこころ—身体性の臨床心理．誠信書房．
成瀬悟策（2014）動作療法の展開—こころとからだの調和と活かし方．誠信書房．
成瀬悟策（2016）臨床動作法—心理療法，動作訓練，教育，健康，スポーツ，高齢者，災害に活かす動作法．誠信書房．

7

痛みへの対応・処理

A. 動作における痛みは何故生まれるのか

1）動作と痛み

　痛みは，炎症，骨折，内臓疾患などの身体的損傷や疾患によって生じるのが一般的と思われているが，運動機能による緊張の慢性化によって生じる痛みが少なくない。動作療法における痛みの主要な原因の一つは，居坐り緊張になった筋活動が慢性化して一定以上に高まると痛みが出てくる場合である。課題動作をしながらもう少し強い程度の動きをするとき，また，居坐り緊張にぶつかってさらに動作をしようと緊張が高まるとき，痛みを体験する。

　動作療法では，セラピストがクライエントの不調について姿勢や動作から見て，課題動作を設定し，クライエントは課題動作を実現するための動作を行う。肩こりや腰痛などは居坐り緊張になった筋活動が慢性化したことによって生じるが，課題動作として改めてそこを動かしていくと，居坐り緊張にぶつかって痛みが出てくる。

　痛みは，居坐り緊張を動かそうとするとだんだん意識化されてくる。痛みを感じるとき，"動かそう"とする主動（成瀬，2014）が居坐り緊張とぶつかり，緊張が高まった状態にある。課題動作を実現しようとさらに主動を強めていくと，動きを妨げようとする居坐り緊張と動かそうとする緊張が合わさり，2つの緊張を加えた程度［居坐り緊張＋動作による緊張］による軽い痛み，または，2つの緊張が相乗した程度［居坐り緊張×動作による緊張］

による強い痛みとなる。

2）動作と居坐り緊張

　では，痛みがあるからといって居坐り緊張を避け，課題動作とは全く違うコースへ動かせばよいかといえば，そうではない。悩みを抱えているクライエントの不調は，悩みを気にしている，拘っている緊張が残留して居坐り緊張となり，その部位部分を思うように動かせなくなっている状態である。課題動作を進めていくときにはそれほど痛みはないが，居坐り緊張にぶつかったとき，そこでもさらに主動は動きを進めていくため，“動かそう”という主動と動く動作の不調和，不一致がはっきりした状態となり，緊張が高まって［居坐り緊張＋動作による緊張］による軽い痛み，または，［居坐り緊張×動作による緊張］による強い痛みとなる。

　また，課題動作を進めながら出てくる目的とは異なる動作やコース外れは，居坐り緊張があるために動かしにくくなっているところをさらに突き進もうとする動きによるものである。課題動作どおりにコースから外れないように動作をするためには，居坐り緊張を避けるでも無理矢理に突き進むでもなく，居坐り緊張と動作の緊張による痛みに対応・処理しながら，少しずつゆっくりと動かしていけるようにすることである。課題動作の実現には，動作を進めていくこと，課題動作に対してコースどおりに動かすことができること，動作による緊張と動きを妨げる居坐り緊張によって意識されてくる軽い痛みや強い痛みへの対応・処理をすることによって，動作を進めていきやすくなる。特に，課題通りに動作を実現しようとコースどおりの動作をすれば必ず居坐り緊張にぶつかり，居坐り緊張が大きく解消されるほど痛みはなくなって動かしやすくなるため，痛みを処理しながら動作を進めていくことが治療課題となる。

　コースどおりに動かす動作と痛みの意識化について，例えば，クライエントの右肩に居坐り緊張があり，肩上げ・下ろし課題で右肩を真っ直ぐなコースで上げることを課題動作とする。はじめの動作では，クライエントはコー

スどおりのつもりで肩を上げていくが，実際には途中の居坐り緊張にさしか
かるあたりで肩が前に出してしまう。そこで，クライエントが肩を前に出そ
うとした瞬間にセラピストが援助を加え，前に出した肩を元のコースに戻す
ようにすると，その時に初めて肩を上げたつもりで前に出していたことに気
づく。クライエントは援助によってコース外れに気づき，次は肩を前に出さ
ないようにしてコースどおりに肩を上げていくことによって居坐り緊張とぶ
つかり，その感じは明確化してくる。さらに肩を上げようとする主動とその
動きを妨げる居坐り緊張がせめぎ合う緊張は，クライエントに＜今どんな感
じ？＞と訊けば，「突っ張る」「少し痛い」というまだはっきりと感知されて
いない痛みや「すごく痛い」とはっきり感知された痛みとして報告されるこ
とが多い。

B.　主動と動作の調整と痛み

1）主動と動作の調整不全と痛み

　クライエントが課題動作を進めていくとき，課題どおりに動かしているつ
もりでも実際の動作は目指す動きとは違っているなど，主動と動作は不調
和，不一致な状態にあることが動作の仕方に現れてくる。そこでの適切な援
助によってクライエントが目指す動作と実際の動作が違っていたことに気づ
くと，改めてコースどおりに動かそうと動作を具体的に確かめ，工夫をして，
動作の仕方を変えようと試みていくことになる。そして，コースどおりの動
作ができてくると，課題動作を最後まで進めていく途中で居坐り緊張にぶつ
かって動作を進められなくなることから，そこで強まった緊張によって現れ
た痛みへの対応をいろいろに工夫し，痛みを処理して，そこを動かしていけ
るようにならなければならない。課題動作を進めていく過程では，硬く動か
しにくくなった，居坐り緊張がある部位を動かすことになるため，痛みにど
のように対応・処理していけるかという課題がある。
　居坐り緊張部位を動かしていくとき，主動はそこを越えて動かそうとする

ため，主動優位な動作になっている。実際には痛みを感じてそれ以上動かせない動作にあってもなお主動が動かそうとすると，緊張が強まって，痛みが現れる。また，痛みが強くなるほど動作は不確かになり，主動優位な動作になりやすい。痛みへの対応・処理をするには，こうした主動と動作の不調和を調整し，両者を合わせ（後述；Ａ子の事例参照），一致させることが目指される。

2) 痛みの程度に応じた処理の実際

　動作に主動を合わせようとクライエント自身が工夫し，確かめながら動作をしていく体験をすることによって，痛みを処理できるようになる。痛みへの対応・処理の体験が進むと，弱い痛みの処理はスムーズに，強い痛みの処理には痛み恐怖にはとらわれず，むしろ痛みを処理できるだろうと構え，探り探り確かめながら動作をしたり，居坐り緊張にぶつかっても動じず，出てきた痛みを積極的に処理していけるようになる。

　ここでは，課題動作を進めていく過程で体験する痛みを程度によって分け，軽い程度，中程度，強度の痛みとし，痛みの程度に合わせた対応・処理するための援助について示す。軽い程度の痛み，中程度の痛みを処理して痛みが解消される場合，強度の痛みを処理して痛みが解消される場合など，慢性緊張や練習の程度によって痛みの程度も変わってくるため，セラピストはより注意深くクライエントの体験を推測し，その時々の動作から痛みの程度を見極め，適切な援助を選び取って適用していくことになる。

①軽い痛みへの対応，処理

　居坐り緊張部位を動かす時に軽い痛みが現れたところでは，そこからゆっくりと少しずつ押し進めるように動作をしていくことで痛みは処理され，もう少し先へ動かしていける。

　肩上げ・下ろし課題を例にすると，肩をゆっくりと上げ下げしていく途中で現れてくる軽い痛み，また，居坐り緊張のある部位まで肩を上げていき，

「ちょっと痛い」など，クライエントにようやく痛みがはっきり感じられて
きたような軽い痛みには，＜ここがちょっと痛いですね。動いている感じを
感じながら，ゆっくり，少しずつ動かしていきましょう＞とセラピストが助
言し，クライエントがそこでの動作に注意を向けながら少しずつ押し進めて
いくように援助すると，肩をもう少し上へ動かしやすくなる。

②中程度の痛みへの対応，処理

　軽い痛みを処理してさらに動作を押し進めていくと，もう少しはっきりと
した中程度の痛みになる。そこでは居坐り緊張と動作による緊張がはっきり
痛みとして意識されるため，痛み恐怖を避けたり，動作を無理に進めようと
するなどの主動の動作になりやすい。中程度の痛みへの対応は，主動を停め
てからだに注意を向け，痛みに向き合う構えを作り，そこでスッと主動を弱
めると痛みを処理しやすくなる。

　肩上げ・下ろし課題を例にすると，中程度の痛みでは，肩を上げると痛く
なるのではないかと痛み恐怖を感じたり，目指す動作とちぐはぐな動きをし
やすくなる。コースどおりに肩を上げて居坐り緊張にぶつかったところでク
ライエントに痛みの程度を尋ねると，「痛い」とはっきり感じる程度になっ
ている。セラピストが＜少し痛くなってきましたね。ここで力まないように
して，痛いナアとじっくり感じてみましょう＞と助言して待つようにする
と，クライエントは改めて肩に注意を向け直し，肩に入れた力の感じを味わ
い，しばらくするとスッと肩に入れた力を弱めていく。その時にセラピスト
が＜痛みはどうなった？＞とクライエントに尋ねると「なくなった」と言う
など，痛みはとれ，次に肩を上げた時には痛みが出たところを越えてもう少
し先へ動かしていけるようになる。

③強度の痛みへの対応，処理

　中程度の痛みに対応，処理して動かしていくと，いよいよ居坐り緊張の一
番きついところ，居坐り緊張と動作による緊張が相乗した強度の痛みになる。

強度の痛みでは，これ以上動かすとからだが壊れてしまうのではないかといった不安，動かせばまた痛くなるのではないかといった痛み恐怖から，［居坐り緊張×動作による緊張×痛み恐怖］のさらに強い痛みとなる。強度の痛みへの対応は，動作の精一杯で停止して構えをつくり，痛みから逃げず，意を決して捨て身の覚悟でからだに任せることができると痛みは処理される。強い痛みを処理した後に改めて課題動作を行うと，とても楽に動かすことができる。

　肩上げ・下ろし課題を例にすると，肩を上げていき，軽い痛みや中程度の痛みを越えていくと，いよいよ居坐り緊張の最もきつい部分を動かすことになり，痛みは強くなる。課題動作は真っ直ぐコースで肩を上げることだが，強い痛みになると痛みや痛み恐怖からなんとか逃れたいと過剰に肩に力を入れて突き進もうとしたり，コースから逸れた動作をするなど，痛みと向き合えなくなってくる。ここでセラピストが＜ここ，痛いですね。痛すぎではありませんか＞とクライエントが過剰に動かそうとしていることに気づかせ，＜力を入れすぎると余計痛いのでそこで停めて，痛みがはっきりしているけれど痛くなりすぎない，痛気持ちいい程度にしましょう＞と助言する。セラピストはクライエントが過剰に肩を動かそうとするのを停めたことを確かめ，＜ここでからだにすっかり任せましょう＞と助言して待つ。クライエントにとっては，ここで痛み恐怖と向き合い，意を決して痛みを受け入れる覚悟をしなければならなくなる。しばらくするとクライエントは痛みから逃げたい，もうやめてしまいたいといった我を捨てる覚悟を決め，過剰に動かそうとするのをやめて，改めて肩の動作に注意を向け直し，そこに思い切って任せる。すると痛みはとれ，その後，改めて課題動作を行うとクライエントも驚くほど楽に肩を動かせるようになっている。

3）痛みを処理する工夫

　からだを動かすとき，動かそうと思うことによって初めてからだは動く。つまり，"動かそう"という主動によって動作は始まることから，主動は動

作より少しだけ先を行っているといえる。痛みは課題動作を行う過程で現れ
てくるが，動きでも居坐り緊張を動かそうとしているときでも，実際に動い
ている動きよりも主動が先へ行きすぎた動作をしていると，そこに起こるズ
レ，緊張の強さから強い痛みになる。こうした痛くてどうすることもできな
い，精一杯のところでの痛みへの対応・処理をするには，動かそうとする主
動を停めて，動作にぴったり合わせることができると痛みは処理される。実
際には，痛くてどうすることもできない切羽詰まった状態では動作体験の仕
方を変える余裕もないため，意を決して，主動を動作に合わせようと努力す
ることになる。精一杯のところでの痛みを処理するには，行き過ぎた主動を
停め，今から動作に合わせる構え，腹を決め，動作にスッと合わせる。動作
に主動をぴったり合わせることができると，痛みはシュッと消え，主動が先
へ行っていた分だけ楽に動かすことができるようになる。ここで重要なのは，
力をストンと抜いてしまうと今動いている動作ごと変わってしまうため，力
を抜くのではなく，主動の細かな力加減で動作にスッと合わせるという点で
ある。

　次に，事例を示す。いくつかの課題動作を行ったが，その中でも痛みへの
対応・処理の治療体験を中心に記述する。

［事例：Ａ子　女子中学生　主訴：人間関係の悩み，イライラ，眠れない］

　　友達から自分のことを言われそうな気がして不安，イライラして勉強
に集中できないなどの人間関係で悩み，眠れないという中学生に対し，
気持ちを落ち着けて過ごせるようになろうと動作療法を提案する。

　　最初にセラピストが肩上げ課題をして見せ，＜からだを動かして気持
ちを落ち着かせる方法があるけど，やってみようか＞と説明すると，Ａ
子は「やってみたいです」と言う。初めに，課題動作を設定するため，
立位姿勢では肩や腰に緊張が加わりやすいことから，立位での体軸の反
り，屈がり，ねじれ，脚の踏ん張りなどの姿勢特徴と，あぐら坐位で肩
まわり，腰まわりを動かして，動作特徴と慢性緊張のある部位をみる。

A子の姿勢・動作特徴からは猫背でやや腰が反り，右肩には塊のような慢性緊張があり，悩みを気にしているときに肩に力を入れている様式が伺える。A子は「特に右がきついんです」と右肩に手を当てて言い，実際に肩を動かすと過剰な力で肩を動かし，肩周りの動作が困難で，動いている感じ，自分で動かしている感じの乏しさがみられる。A子が落ち着いて過ごせるようになるには，気にするときに無意識的に肩に力を入れるというA子の不安定からくる緊張した構えを，落ち着いた構えにすること，じっくりと確かめながら思うようにからだを動かすことができるようになることではないかと思われた。そのためには，居坐り緊張を解消し，こころとからだが常に一致した動作の状態にあること，思うように楽に動作できるようになることが必要であり，自体や動作の感じを確かにして自ら工夫や努力をしていく動作の体験，体軸をタテ真っ直ぐに安定して大地に位置づけられる体験，特に，肩にある居坐り緊張を解消し，楽に自由に肩を動すことができる体験は有効な治療体験である。A子の姿勢・動作特徴から，まずは居坐り緊張のある肩まわりの課題動作として，肩上げ・下ろし課題を左右片方ずつで行うこととする。

　セラピストが＜今から肩上げをします。右肩だけを頸に着けるつもりで，真っ直ぐのコースに沿って，ゆっくり右肩を上げていきましょう＞と課題を説明すると，A子はすぐに右肩を上げ，力いっぱいで動かしている。1回目はA子の動作の仕方を見るが，2回目の肩上げではセラピストがA子の肩に手を当てて援助し，肩を上げて停まったところで＜今，どんなふうに肩を上げている？＞とA子に訊くと，「動かさないとってやってる」と主動優位な動作，とにかく頑張ってやろうとするA子の在り方が伺える。セラピストは＜ここからもう一つ肩を上に上げましょう＞と言うと，A子はぐいと力を入れ，セラピストが＜今，力を入れたこの感じ分かる？＞と訊くと，A子は頷き，主動の感じがはっきりする。そこでセラピストが＜今度はここから肩を下ろしていき

ましょう。ゆっくり，肩が下りていく感じを味わいながら下ろしていきましょう＞と言うと，Ａ子は下ろし始めはふわーっと，だんだんゆっくりと肩を下ろしていく。スムーズに肩を下ろせたところで＜今，肩の動きはどんな感じ？　どんなふうに動いてる？＞と訊くと「肩がスーッと下りてる」と言い，動作感が分かり始める。その後，Ａ子は肩に注意を向けながらゆっくりと肩を下ろしていくようになる。Ａ子が肩を下ろせる範囲の一番最後まで肩を下ろしてから少し待つと，ジワリともう一つ肩の力が抜ける。その時，セラピストが＜今，どうなった？＞と訊くと，Ａ子は「楽になった」と動作感がはっきりしてくる。

　次に，右肩を真っ直ぐコースで上げていく途中で居坐り緊張にぶつかり，右肩を前に出してコースから外れることに対し，セラピストが＜ここで肩が前に出たね＞と助言し，この段階では，クライエントは肩が前に出ることに気が付いていないことから，セラピストが援助をして肩を元のコースへ戻す。Ａ子はその後，慎重にゆっくり右肩を上げているが，同じところで居坐り緊張にさしかかると再び肩を前に出そうとするので，その瞬間にセラピストが援助をして肩を元のコースに戻すと，Ａ子はコース外れに気づき，肩を前に出さないようにしてゆっくりの動作でコース通りに上げていけるようになる。さらに，コース通りに肩を上げていくと居坐り緊張にぶつかって動作が止まるので，セラピストが＜ここはどんな感じ？＞と訊くと，Ａ子は「うーん……ちょっと痛いかなあ」と言う。居坐り緊張のところでもう少し動かしていけそうなこと，痛みの感じがまだはっきりしていないことから，セラピストは＜ほんの少しだけゆっくりとここから動かしてみよう＞と押し進めることを助言する。すると，Ａ子はそこからゆっくり少しずつ肩を上げ，動かしていく。さらに進んだところでは，ガチンとした硬さにぶつかり，そこは「痛い」と痛みがはっきりしてきたので，痛くなりすぎていないことを確かめてから＜ここで停めて待ってみよう。肩の動きを感じてみよう。痛いなあ……＞と助言してしばらく待つと，肩に入れていた力を停めて味わって

いる様子がある。痛みがどうなったかＡ子に訊くと,「なくなった」と言うので, 一度肩を下ろして楽な感じを十分に味わう。続けてコース通りに右肩を上げ, Ａ子にとって動かすにはそこまでで精一杯というところでは,「痛いー, すごく痛い」と痛みをはっきり感じ, 肩に力を入れ, 強い痛みで力んでいるような状態になる。Ａ子は痛みを感じながらからだを力ませ, 肩には過剰な力を入れている。そこでも＜肩の動きを感じてみよう, 痛いナア＞と助言したが, 過剰に力を入れた状態をどうすることもできず, 余計に力んで緊張が高まり, しばらくしても痛みは「変わらない」と言う。そこで, セラピストは＜ここで急いで肩を動かしたくなるよね。それを停めて, 痛い感じではなくて, "肩が動いているナア"の感じに合わせてみよう。肩をストンと落とさないようにして, ほんのわずかでスッと＞と助言する。そして, セラピストはＡ子が肩の動作に合わせやすいように援助の手をそっと放し, 言葉での援助に切り替え, ＜痛いけど, 動かしている方の感じは分かる？　これを弱めて, そう, その動きが分かる？＞とＡ子の動作体験に合わせて助言する。Ａ子は肩の動きの感じに注意を向け, 確かめながらわずかに肩を動かし, あるところでピタリと停める。そのときセラピストがＡ子に＜今, 痛いのはどうなった？＞と訊くと驚いたように「無くなった」と言う。ピタリと停めたところについて, ＜今, どんなふうになったの？＞と体験を訊くと, Ａ子は「肩が動くナアって分かって, ぴったりしたらスッと（痛みが）なくなった」と言う。そこから次の精一杯までは楽に肩を上げていき, 次の精一杯の痛みでも, 同様の体験を何回かしていくと痛みはとれ, 右肩にあった居坐り緊張はなくなり, 楽に右肩を動かすことができるようになる。最後に確かめの肩上げをすると,「えーっ, 楽に上がるー」とＡ子は驚き, 気分は「すっきりした」と満面の笑顔で, すっかり落ち着いている。左肩も右肩に続けて同様に行い, 右肩程の居坐り緊張はなかったが, 左肩を上まで上げたところの痛みでは, 右よりもすんなりと動作に合わせ, 痛みは消えて楽に肩を動かせるようになる。

7. 痛みへの対応・処理 *111*

　動作体験をした後はとても気分が落ち着いて眠れるようになったこと，イライラすることがなくなり，人間関係について「（自分のことを言われるのではないかと）何も思わなくなった，いろんな人がいるんだなって思う」とまわりを気にせず，落ち着いて受け止められるようになったこと，人と気楽に話せるようになって楽しんで過ごせるようになったことから，相談は終結となる。

〔まとめ：Ａ子の治療体験について〕

　人間関係で悩んでいたＡ子は，まわりを気にせずに過ごすことができるようになった。治療体験の過程では，がむしゃらに力を入れて頑張る仕方から，ゆっくり確かめながら動かすように，動作の仕方が変容した。特に，精一杯のところでの強い痛みにおいては，痛みを感じようとするとかえって過剰に力を入れ，そこに留まることができずにいた。そこでの工夫として，肩に注意を向け，改めて肩が動いている感じを意識し，強くなりすぎている主動を動作に合わせることを試みた。すると，ぴったり合わせられたとき，痛みは消えた。精一杯のところではこのようにして居坐り緊張は解消され，ゆっくりと楽に動かす動作ができるようになった。そこでは，痛みでどうしようもないという状況に対し，気持ちを新たにしてからだに注意を向け直し，動作を注意深くとらえ，それに合わせる努力をするという，新しい主体的な自己活動の体験があったと思われる。いろいろに確かめながら行う動作の工夫や痛み恐怖を乗り越えて痛みを処理できた体験は，自分にもできたという自己効力感，自体を拠り所にして自ら努力を積み重ねたことによる自己信頼感を得ると共に，前向きな気持ちで柔軟に対応していけるしっかりしたこころの構えをつくる体験となったのではないかと思われる。

（大島英世）

引用・参考文献

細川豊史（2012）痛みの概念と増加する痛みの現状．臨床と研究，8（2）：143-146.

成瀬悟策（2000）動作療法―まったく新しい心理治療の理論と方法．誠信書房．

成瀬悟策（2014）動作療法の展開―こころとからだの調和と活かし方．誠信書房．

成瀬悟策（2016）臨床動作法―心理療法，動作訓練，教育，健康，スポーツ，高齢者，災害に活かす動作法．誠信書房．

8

課題実現過程における
主動感と動作感の調整・調和

A. 課題過程における自己調整への主体的自己活動の強化

1）不適応者の悩み

　近年，うつ病あるいはうつ状態と診断される患者の数が急増している。うつ病の主症状としては，気分の落ち込み，気力のなさ，集中力の低下などが挙げられているが，うつ病を対象とするリワークデイケアなどで参加者の話を聞いていると，最も悩ましかったことは抑うつ症状自体ではないという。仕事や学業の場において，からだがだるくて動かすことができなかったこと，そして無理にやろうとしてもこころにからだがついてこず疲労感だけが増大し，そのことで焦りが出てきて，それまでこなしていた電話の応対でさえチンプンカンプンになるなど，社会生活でやらなければならない日々の活動が立ち行かなくなり落ち着きを失っていったことが苦悩の主たるものだったと彼らは口をそろえて言う。適応の問題を抱える人へのアプローチとは，この苦悩から彼らを解放させることにほかならず，クライエントが自分自身をコントロールする力を取り戻すための援助である。

2）不適応と動作

　彼らが自己コントロールを失ったプロセスは，仕事や学業の場面において業務や課題をこなしながら少しずつ少しずつ無意識のうちに蓄積していった緊張に対して，さらに頑張らねばとして自ら緊張を加え，最後にからだを動

かすことができなくなったと説明できる。つまり，自らがからだを動かす感じであるところの動作感が，もっと頑張るようにという主動の要請に対して応じることができなくなっている状況である。前者を馬にたとえるなら，後者はそれを走らせる騎手で，騎手の叱咤激励に対して馬が応えることができなくなり根をあげて歩みを止めてしまった様相といえる。うつ病をはじめとした様々な不適応の本質的な問題は，外界からの要請・要求に圧倒された馬がいじけてしまい，騎手は途方に暮れ，人馬によって成り立っていた人の生命活動の停滞が生じ，現実対処ができなくなってしまったととらえられる。

3）自己調整

　動作療法では，騎手と馬がバラバラで立ち行かなくなってしまった状態を，再び人馬一体の調和した状態にすることを目指す。順調に適応していた時には，騎手と馬は一体化してそれぞれの存在さえ意識することがない。不調に陥った際にはあえて騎手と馬を明確化，つまり主動感と動作感を別々に意識させる。そこから主動と動作がちょうど一致するようクライエント自らが再び調整しなおすこと，すなわち自己調整を目指す。前に歩を進めることがままならなくなっていた騎手と馬は，互いを意識しそれぞれが合わせていくことで，以前の歩みを取り戻すことができる。主動感と動作感の自己調整・調和が図られることによって人馬一体の落ち着いたなめらかな歩み，さらには颯爽とした走りをも達成する。ここまで動作感と主動感を人馬にそれぞれ例えて説明してきたが，実際の動作感とは，動いているからだの感じ，動きの体感であり，顕在化しているものではない。いざ動かそうと思って動いた時に感じる感覚で，動きの認知である。動作感は，主動感という動作のプロモーターのスイッチが入ることで初めて生じる。プロモーターの指令通りのからだの感じが実現すれば，動作は自由で安定している。安定を維持するため，人は現実生活で時々刻々と変化するあらゆる場面に応じて，常に調整を図りながら調和を保つ努力をしている。しかしわれわれの生活には時として，今までみたことのない種類の波であったり，違う強さの風が襲ってくることが

ある。すると主動感と動作感の調整が間に合わない。焦りが生じ，調整を急ぐあまり不調和がひどくなり，こころの不具合がひどくなる。以下では調和を取り戻すための実際について述べていく。

B. 動作感・自体感への気付き，主体的自己認知体験の気付き，体験の明確化練習

1）動作感・自体感の曖昧性

　動作療法の始まりは，動作感・自体感に気付くことにある。からだが動く感じなど，分かるに決まっていると思いがちだが，動作療法の実技研修会で，＜肘を真っ直ぐに伸ばして腕を挙げていきましょう。腕が動いている感じは分かりますか＞と参加者に問うと，「ええ，動いていますよね」と自らの腕を見ながら挙げていく人がいる。立位の実技実習では，＜両脚で踏みしめている感じを確かめてみましょう，左右の偏りはありますか＞と確認してもらうと，自体感を感じる前に，背を丸め足元に顔を近づけながらしげしげと見つめ，「んー，どっちでしょうか？」と目で確認しようとするひともいる。自分のからだが動いている感じや，制止した状態でのからだの実感を確かめるよう改めて要請されると，休み返上で研修会に参加するほどの元気で前向きな人でさえ，目で見てからだの感じを確かめたくなるほど，動作感や自体感は案外曖昧なものである。

　学校内で事件があり，生徒らの多くがショックを受け心理的に不安定になっている高等学校へ緊急支援に入った際，自分がどうなっているのかが分からないという生徒がたくさんいた。椅子に坐っている感じについて尋ねると，その実感がないという。骨盤を動かす援助を試みたところ，動いているからだの感じがまったくない。ショックによって自己存在の不確かさに苛まれ不安になっていたといえる。

　性的嗜癖が止められず家事や育児などの日常生活がつらくてしかたないと悩む母親がいた。このクライエントに立っているからだの感じを尋ねると，

「足の裏に風が吹いています。立っている感じがしません」と答えた。地に足がついていないという不安定性の表現通りの自体感で，現実生活への対応が困難なことを疑う余地もない。自体感，動作感の曖昧性はこころの不安定と密接な関連がある。

2) 動作感の明確化練習

日頃から意識していない動作感や自体感（コラム１参照）について改めて注目させ，クライエントが自分自身の実感を明確化できるようになるためには，各々に応じた練習が必要となる。具体的には，動く感じを明確にしようとする対象部位や部分について，a. セラピストが抵抗を加える，つまりクライエントの動きに拮抗するような力をセラピストが入れる，b. 目的とは逆方向の動きについて体感させる，c. 慢性緊張が強くない方の側から課題を行うなどが有効である。以下では，腕挙げ課題を使って説明していく。

腕挙げ課題とは，腕を真っ直ぐ伸ばし，真下に降ろした所から体側よりやや内側のコースを通って真上まで挙げていく課題であり，片腕ずつ行っていく。

コラム１　動作感が分かりにくい動き

動作感が分かりにくい動きとして，肩を開いていく動きや骨盤の前後の動きなどが挙げられる。

肩は胸側に閉じるような力を入れていることが多く，開く方向への動きなど意識したことがないクライエントは多い。また骨盤の動きについては，その動きのみならず，骨盤の存在さえ感じたことのないクライエントもいる。骨盤は，坐位や立位で重力にそって自己を安定して位置づけるために重要な部分だが，よほどからだについて興味関心があるひと以外は日ごろそれほど意識することはない。

たとえば骨盤の動く感じを実感させるための援助については，クライエントへ坐位姿勢をとらせ，セラピストが後方から腸骨に手をあて，骨盤が後傾する方向で動かし，＜これが骨盤の倒れる感じですね＞といった後，＜次は骨盤を起こしていきますね＞と，腸骨に片手をあてたまま，もう一方の手で仙骨に手のひらを添え，骨盤を立てる動きを出す。このように主動を抑えながら他動で動かすことで，動く感じが実感できるようになる。

a. セラピストが抵抗を加える（コラム2参照）

　動作感の明確化に有効な方法は，セラピストがクライエントの動きに拮抗する力を介入させることである。腕挙げ課題であれば，クライエントに腕をゆっくり挙げるよう要請し，セラピストの手指2本をクライエントの肘関節より3cm程度手首側の部分にあて，挙げる動きとは逆の方向，つまり下側へわずかに押す力を入れることで，クライエントの挙げる動きに対して拮抗状態を作ることになる。セラピストはクライエントに，＜私のあてている手を押しあげるつもりで上に挙げていきましょう＞という。最初はクライエントがセラピストの手を押し上げる努力をするので，これは主動である。クライエントが腕を動かし，挙げていく感じを実感したことを確かめると，セラピストは拮抗するための力を少しずつ弛めていく。セラピストの介入を弱めていくことによって，クライエントは腕を挙げる感じから，挙がっていく感じを体験することとなり，動作感が明確になっていく。

　セラピストの加える力が強いままであると，クライエントが動く感じを感じるよりも，動かそうという主動ばかりが優位になる。動作感を引き出すためのセラピストの微細な調整が必要である。

b. 動く方向と逆方向の動きを体感させる（コラム3参照）

　腕挙げ課題で，上に挙げていく感じは実感しやすいが，挙がっていく感じを味わうことは割と困難である。五十肩で日々苦闘している人達は，特にそうである。坐った状態で，腕を真っ直ぐ下へ降ろした位置から，肘を屈げず

コラム 2　拮抗状態を作ることが有効な課題

　クライエントが力を入れている方向と，セラピストの援助が拮抗状態を作ることが有効な課題は，坐位での体軸治し課題，つまり背中のペコ・ポコ・タテ真っ直ぐ立て課題である。

　背中側というのは，丸くしたり反らせたりを大きな範囲で雑に動かすことはできても，小さな部分について動く感じを確かめることはなかなか難しい。そこで拮抗する状態を作ることにより，「背中って動くものなのですね。初めて知りました」という感想のごとく，背中の部位が確かに動くことを生れて初めて知ることになる。

に上へ挙げていくよう要請すると，挙げ始めの間もなくで痛みを訴える人が多い。この痛みを生み出す原因は，挙げるための強い力が必要でないにもかかわらず，頑張って挙げようとするための最初の意気込みによるところが多い。これでは挙がっていく感じの実感までは程遠い。

　そこで真下から上に挙げていく前方挙上とは逆，つまり真下から後ろへ動かす後方挙上の動きを最初に行い，続いて逆の動きの前方挙上を要請する。最初の後方挙上から腕を真っ直ぐ降ろした位置まで戻ってくる動きは，動く感じを実感しやすい。そこで＜その気持ちのまま，今とは逆の動きをしてみましょう＞というと，クライエントはスーッと動く感じにのっていくことができる。注意するのは，時計の振り子のように勢いでブーン・ブーンと動かさないことである。あくまでも後方挙上からゆっくり動く感じを味わいながら，前方挙上の動く感じを体験する練習である。

　このような練習を通して，動いているなあというからだの感じに気づきながら，クライエントは自らが主体的に自己を認知していく。目で見て動きを確かめるのではなく，じっくりと自分の内へ気持ちを向け，動作感を明確化することとなる。

コラム 3　逆方向の動きを体感させることが有効な課題

　大人になるにつれ，日本人は男女ともに，猫背で肩が前すほみになっていく割合が増えていく。つまり肩を前にすぼめる，つまり前に動かすことは多くの場合得意としている。ところがその逆の両方の肩を背中側に動かす肩開きは，それ単独で行った場合，開く動き自体が分からず戸惑う場合が多い。そこで開く動きとは逆の，肩を前側に閉じながら動く感じを実感させることから始める。肩が前に動く感じを確かめつつ，今の動きと逆の動きを感じていきましょうというと，範囲は小さいながらもスーッと後ろ側へ開く動きが出てくる。クライエントにしてみれば前に動かすことができたのだから，その逆なら新たな挑戦でもないなと楽な気分で動く感じに気持ちを集中できるものである。

　逆方向の動きを取り入れることが多いもうひとつの課題は，背中のペコ・ポコ・タテ真っ直ぐ立て課題である。背中の一部をポコで突き出すように要請した後，次は今と逆の方向で，というと，ペコへの動きが明確に感じられやすい。

c. 慢性緊張が弱い方の側から課題を行う

　慢性緊張があまりに強すぎると，動く感じが出るまで，かなり時間がかかる。クライエントに，分からない体験を長く続けさせると無力感が生じ，臨床的には有効でない。その場合は，慢性緊張が弱い方の腕から課題に取り組むのも工夫のひとつである。一般的に右利きの人は右側の肩関節まわりの方が，左に比べて慢性緊張が強い。そこで左腕を挙げることを先に行ってみる。それでも動作感が明確にならない場合は，多少規定のコースや型を変更し，体側のやや外側で挙げてみたり，少しばかり肘が屈がっていてもこだわることはせず，楽なコースで動いている腕の感じを確かめさせる。クライエントが「腕が動いていく感じが分かります」と自信を取り戻したところで，＜腕が動いていく，その感じを大切にしていてください＞と動作感を明確化するとよい。

C. 主動感・自己活動への気付き，明確化練習

1）主動と不調

　課題を進めていくとそのうちに滑らかでなくなる場面が必ず出てくる。日ごろからからだを鍛えているスポーツ選手でも，柔軟性に長けているバレリーナにも生じ得る。そうした場面で人は，頑張って力任せに動かそうとしたり，コースを無意識のうちに変更するなどしてその難関を乗り越えようと努力する。特にうつや適応障害に悩むクライエントなどでは，その頑張りが著しい。課題をどんどん遂行して動かしていきなさいという主動の命令が働き，動作感にはおかまいなしとなる。このままいくと一般的に行われている過激なトレーニングという類のものになりかねない。

　動作療法は，可動域をより拡大することや，ある型ができるまで頑張らせることを目指していない。主動するこころの働きを抑えつつ，動作感に気づいていたわりながら，それに合わせて動作していくことが目標である。クライエントが自分で自分のこころの働きについて主動感を通し「あ，やり過ぎ

ちゃっているな」と気づくことができ，自己調整できるようなセラピストの
援助スキルが求められる。

2）主動への気付き

　主動は意識的な努力によって生じるものだから，それを実際の動作療法場
面でセラピストがとらえるのは割に容易である。

　例えば，腕挙げ課題で痛みが生じた時，どうにかしてそこを通過しようと
肩峰を上に突き上げ，無理矢理動かそうとする。その瞬間をとらえ，＜今，
グイグイと力任せに動かそうとしませんでしたか＞と主動の意識化を図る。

　あるいは前屈げ課題で，クライエントが「ここまででいっぱいです。これ
以上は動きません」と突っ張りを訴え，動きを止めた後，努力しギュッと前
に倒す。そこで，＜頑張って前にいけましたね。今の頑張りが動かそうとい
う努力ですね＞と主動感を意識させる。

　こうした自己活動の意識化は，通常容易なことだが，頑張り体験の仕方が
なじみ過ぎている人ほど困難になっていく。意識化が難しいクライエントに
対しては，主動感体験を強めたり弱めたりする練習をはさむとよい。その具
体的スキルについてはＥの項において述べる。

D. 動作感・主動感，両体験の同時・並行的な気付き，明確化練習

1）動作療法と動作感・主動感

　実際の動作療法では，これが動作感でこれが主動感ですよと別々に取り上
げることはほとんどない。クライエントが動作課題に取り組む中で，動作感
体験と主動感体験はわずかな時差をもっての発生が通常であり，セラピスト
は課題中の同時・並行的な体験を援助する。

2) 両体験の明確化の実際

腕挙げ課題では，腕が挙がっていくなあという動作感を感じながらの挙上がなされていると，そのうち，肩関節の硬さにはっきりと出会うことになる。突っ張り，痛み，動かない，硬いといった表現をとることが多い。

そこで肘を屈げ，ギューっと腕を挙げようとした場合，セラピストは，＜肘で頑張っていますよ。肘の力を弛めましょう＞と要請する。クライエントは，主動の登場，すなわち必要以上の自分の頑張りに気づくので，セラピストは，＜停まって，肩関節周りの感じに気持ちを向けてみましょう＞という。＜停まりましょう＞というセラピストからの要請は，常に先に先にいこう，いかねばならないとする生き方のクライエントにとってこころを楽にさせる。そうすると肩関節まわりから弛んでいく感じが出てきて，それに伴い腕を挙げる動きが出てくる。しばし挙げた所で，ある人は肩まわり，ある人は上腕部に慢性緊張が出てきて，痛みと同時に動きが止まる。人は痛みを感じ，慌ててしまうと余計に力を入れてしまう。歯が痛む時などがその典型で，痛い，痛いといいながら，何度も痛い歯をさらに強く噛みしめてしまう体験は誰しもあるだろう。腕挙げに伴う痛みも同様で，痛みを消そうとして動作が痛がっていることは無視し，がむしゃらに力を入れて動かそうとする主動が働く。そこでセラピストは，＜少し痛いですか？　そこで停めて痛みと向き合っていきましょう＞と要請する。向き合うことを促されたクライエントは，痛みを受け入れるほかはなく，自分のからだに対するパッシィヴな心的状態，つまり主動を抑えた動作感優位の体験となる。やがて動作は自動し，痛みは消え，楽なからだになる（コラム4参照）。

課題を始めた当初は，動く感じに浸っていても，しばらくするとすぐに難所が訪れ，主動するこころが乗り越えさせようとするので，セラピストはその瞬間を的確にとらえ，間髪入れずに動きを停める介入をしなければならない。

E. 主動感体験の強化・弱化の自己操作・自己制御練習

1）主動感体験の強化と弱化練習

　主動感体験は意識的な活動なので，主動を強めたり弱めたりする自己操作は比較的練習しやすい。その際，有用な手がかりとなるのが痛みである。

　腕挙げで肩関節に痛みや突っ張りが出てきた時，それがごく軽い痛みであればゆっくり動かすことをクライエントに要請する。主動を少し弱めながら，動かす中で痛みもなくなり，さらに先へ挙げることになる。これらを続けているとそのうち強い痛みが肩関節や上腕部に出てくるので，主動強化練習のためには，ここでもうひとつ頑張って挙げるよう叱咤激励することが必要となる。＜ずいぶん動くようになりましたよ。もう少し挙げてみましょう＞と要請する。グッと挙げたところで動作はかなりきつい思いをしている。そこでしばらく停めることにする。＜ここで停まって，いったん気持ちを楽にしましょう＞と，騎手の頑張りを止める。これが弱化の自己操作といえる。主動感体験の自己操作は，痛みを参考にしながら主動を強めた後に弱化を図り，強化・弱化を繰り返すことで，馬を操る騎手のあり方をクライエント自身がつかんでいく。

コラム4　停まって待つと，なぜ楽になるの？

　からだは，窮屈でつらい状態に置かれると，そこから逃れ，快適で楽な方向にかわる知恵を本来は内蔵している。その知恵が発揮されるためには，活動を停止する必要がある。痛い所で停止し，しばし待つと，このままでは生命力がもたないぞとして自然の摂理に従いながら，動作は痛みを生み出していた緊張を弛めていく。

　ただしこの待ち方が重要である。主動を弱め，自己主張せず，からだにこころを任せるようなパッシヴな心的状態で待つことができれば，停まって待つことだけで，痛みが消えていくという現象が生じる。生きる営みにそった合目的的活動にほかならず，"動作は自動する"ということを明解に示している現象である。4カ月の赤ちゃんは，腕挙げで少々つっぱるところで停まって待っていると，ジワーッと弛めていく。

　"そんなことあり得ない"と疑うひとは，自然の摂理に身を任せることができないほどストレスフルになっているかもしれないので，乳児の動作に触れ，自動する動作のこころを感じて欲しい。乳児への動作療法については，藤吉（2006, 2015）を参照。

2）主動への直面

　主動を強化することはできやすくとも，主動を抑えることがどうしても難しいクライエントがいることも事実である。この場合は，動作感と主動感の両方を停止させる試み，つまりクライエントに完全脱力を要請し，セラピスト主導で他動的に動かす課題を，いったん取り入れるとよい。

　腕挙げ課題で，＜私があなたの腕を上に挙げていきますから，あなたは自分で挙げようとせず，私に任せるつもりで力を入れずそのままでいるのですよ＞と言って，セラピストが動かしていく。クライエントに挙げる力を入れないことを要請しているのだが，たいていのクライエントはセラピストに協力するがごとく頑張って自分も腕を挙げようとする。人の腕は一般的に３キロ以上あるといわれているので，セラピストが一人で完全に脱力したクライエントの片腕を動かすのはかなり重労働なはずである。にもかかわらず，セラピストが軽く感じたとすれば，挙げ始めの瞬間にクライエントの主動が作動したことを意味している。＜あなたは挙げなくていいのですよ。私が挙げていきますから，今は動きの感じが分かるかどうかに気持ちを向けてください，痛くなるような動かし方はしないので大丈夫ですよ＞と言い，挙がっていく腕の動きだけに落ち着いて集中させ，動いている感じを実感させる。

　しかし実際には，他人にお任せということが頭で分かっていても，クライエントが自分で動かそうとする瞬間はすぐに訪れる。セラピストはその瞬間をとらえ，＜今，私に協力しましたね＞と言う。ここで「はい。つい力が入ってしまう（本当はクライエントが入れた力なのであるが，入ってしまうという受けとめをしている）」というクライエントがいる一方，「自分で挙げていませんよ。えっ？　挙げましたか。おかしいなあ」と主動感が分からない場合もある。

　この場合はクライエントの腕を指一本で支えながら挙げてみることにしている。超能力があるわけでもないから指一本で腕を動かすことができないのは当たり前。しかし挙がっていくのはクライエントが頑張って動かしているというだけのことである。真面目に顔をひきつらせて挙げていませんよと主

124

張していたクライエントも，この事実には失笑し，主動を実感していく。

F. 主動感と動作感の調整・調和とセラピィ過程

　主動を強めたり，弱めたりという自己操作ができるようになると，次は動作感との調和をめざす。動作療法が目指しているゴールは，歩みの環境が，直線であってもカーブであっても，そしてアスファルトでも砂浜でも，いかなる局面においても人馬一体となったなめらかな動きで柔軟に対応できる力を取り戻すことにある。騎手の一方的な思いを通そうとしてはだめで，主動を抑えつつ，しかしながら，コースは明確に示す。カーブではちょっとこちらの脚にのり過ぎているなあとか，直線では左右均等に重さを受けているぞ，これなら大丈夫と，からだの感じを騎手が感じながら，両者の息がぴったり合うことをめざす。

　ところが調子よく走っていたにもかかわらず，そこに行く手を阻む障害物が横たわっていることがある。この障害物との出会いこそ，動作療法がセラピィとなり得る所以である。正確にいうと，障害物との出会いは偶然の産物ではなく，障害物にクライエントが出会うようセラピストが導いている。動作療法でセラピストが行っていることは，順調な走りを躓かせる原因であるところの障害物の内容とありかを見定め，クライエントが障害物に直面しつつ，この難局をクライエント自身が突破できるよう援助している。

1）居坐り不調

a. 過剰緊張の居坐り

　五十肩で腕を挙げると痛みが生じると訴えているクライエントは，真下に降ろした腕を，肘を屈げずに体側に沿って時計の針が回転するよう挙げていくことをセラピストが求めると，真横つまり90度を過ぎたところで，ここから先は痛みが出てきて挙がらないという予測を訴える。真下から120度付近になると五十肩に悩まされているクライエントの大半が，痛みへの強い確

信を訴える。それはイメージだけにとどまる話ではない。クライエントは程度の差こそあれ実際に痛みを体験することとなる。

この痛みを引き起こす原因は何か。それが障害物である。

人は生活の中で，様々な緊張場面に遭遇する。人前で話をしないといけない。職場で次々と責任ある仕事を任される。新学期，どんな友達が自分のクラスにいるのかドキドキして学校に向かう。これらを通常，緊張場面というが，場面が緊張を作っているわけではなく，自分でその場面に対応する構えの力を入れている状態である。その構えのおかげでどうにか局面を乗り切ることができる。ひと仕事終わり，やれやれと肩の荷をおろし，次に備えてからだを動かしていく。これができれば翌朝から軽快に活動することができる。ところが，肩の荷をおろし，緊張を弛めようとしていたところに，次の任務を言い渡されたり，思ったより学校がつらかったりすると，緊張をゼロにすることが怖くなり，無意識のうちに残存させてしまう。これはこれでこころを守るための対処法なのだが，ゼロにリセットされなかった緊張は，少しずつ加算される。緊張がからだのある部分に慢性的に蓄積されていく。これを動作療法では居坐り緊張とよんでいる。

居坐り緊張は，その人に何かが飛来して取りついたものではなく，本人が緊張を完全にリセットせずにいたがために蓄積したもので，自らが作ってしまったものである。知的にはゼロにリセットすることがよいと分かっていても，自分に対する信頼が揺らぎ，明日ちゃんと対応できるだろうかと不安がよぎる。完全リセットへの恐怖心が生じ，構えていないと落ち着かなくなり，緊張を入れ続けてしまう。これを繰り返していると癖のようになり，結果的にはそれが固い鎧と化し，居座ってしまう。

b. 脱緊張の居坐り

人はストレッサーに対して，必要な緊張を入れ対応するというパターン以外にもうひとつ，真逆の対応の仕方をもつ。現在の事態への構えを失ってしまい，必要な緊張を入れられないといった対応様式である。ある男性は，交通事故に遭い，肋骨骨折を体験した後から，背中にぐるっとベルトのように

巻き付いている無感覚地帯があるという。そこは力を入れようにも，どう力を入れてよいか分からないまま何年もやり過ごしていて，ご本人も「この部分は力が入らないので動きません」とすっかり現状に対して受け身となりあきらめている様子である。また別の男性で，心因性の歩行障害の診断を受けた方がいた。職場で所属する部門が変更になった後から，足が痺れはじめ，やがて立てない状態になったという。この男性は，足に力が入らないようになったのは分かるが，それをどうやって取り戻してよいものか途方に暮れていた。このように必要な所へ必要な力を入れることができないという一連の現象を，脱緊張の居坐りとよぶことにする。

2）居坐り不調とセラピィ過程

　動作によるセラピィ過程では，居坐り不調が動作課題を設定する上での対象となる。主動と動作感が調和してからだが動いていても，居坐り不調が障害物のように横たわっていると，調和が崩され，動かしにくさが生じる。主動が優位になり無理矢理突破しようとするだろう。主動の頑張りによって痛みが生じ，動作感はかき消され，両者の調和は完全に崩されてしまう。そうならないようにセラピィ過程では，居坐り不調にじっくり向き合い，クライエント自らが不調を解消していけるよう援助する。

　ここでは居坐り不調の中から過剰緊張の居坐りとして代表的ともいえる五十肩へのセラピィ過程をとりあげる。

　五十肩のつらさを訴えるクライエントが抱く痛みへの恐怖心は計り知れない。＜無理に，ギュッと挙げることは絶対しないので安心してください＞とセラピストはまずクライエントの恐怖心を和らげるような関わりをする。痛い目に遭わされることへの不安がわずかながら和らいだクライエントへ，＜強引に動かそうとせず，楽な気持ちで落ち着いて動かしていきましょう＞と言う。クライエントは，グイグイ無理矢理挙げることを少し変えていくと，それに伴って自分の腕が挙がっていく感じを感じる。主動を抑え，動作感を感じ，それぞれが調和的になると居坐り緊張によって生じていた痛みは消え

る。この体験がわずかでもできることがその後のセラピィにとって重要となる。クライエントは，「あれ，痛みがなくなりました。大丈夫です」と痛みの消失に驚き，少し安心した様子で，しかしながら半信半疑でもありつつ，すーっと楽に腕を挙げていく。居座っていた，いや正確には居座らせていた慢性緊張を突破したら，もう一度楽な気持ちで挙げていくよう要請する。次の痛み予感地点へ再び差し掛かると，「ここも痛くなくなりました」とからだの痛みが消えたことを実感し，クライエントの半信半疑が少し低減する。こうしてクライエントは，主動感と動作感の調和した中，再び痛み予感地点へ安心感と自信を伴いながら向かっていく。

　居坐り不調の解消の仕方は，クライエントによって差がある。一度，緊張を弛める体験をしただけで，五十肩の問題はすっかり消え，真上まで楽に腕を挙げることができる人もいれば，少しずつしか居坐り緊張を弛められないクライエントもいる。あるいは，足裏の一部にギュッと踏みつける力の実感を得ただけで，立つことができなかったはずのクライエントが，わずか1回のセッションで立って歩けるようになることもあるし，歩けるようになるまでに4～5回の動作療法を要することもある。

　いずれにしても，クライエントが居坐り不調を自己努力によって解消できたときには次のような現象が展開する。それは，クライエントが自らのからだの動きに，からだをのせていく現象の生起である。からだの動きにからだがのる，というのは，クライエントの中で生じている動作の現象で，焦らず，力まず，自然に動きへ身を任せる感じとも表現できよう。セラピストは，＜その動きにのっていきましょう。スーッと。動かすわけでもなく，止めるわけでもなく。どんどん身を任せながらのっていく感じで＞と誘導する。クライエントの調和のとれた動きを邪魔することなく，寄り添うようなセラピストの援助があれば，クライエントは楽になったからだの，動いていくその感じに自然にのっていくことができる。こうした体験を通して，現実生活での様々なストレッサーへの対応やその後の対処が可能となっていく。

G. 主動感と動作感の調整・調和と体験の仕方

1）動作感・主動感と体験の仕方

　不適応に陥っているクライエントのこころのありようは，骨折や胃潰瘍などの身体問題に比べると，通常は目に見える形で取り出しにくい。ところが動作に視点をあてた場合，こころのありようがそっくりそのまま，手に取るように見える。この点こそが動作療法の優れた点であり，他の心理援助技法と一線を画すものである。

　こころのありようが見えてきた次は，2つのこころが人の不適応とどう関連してくるのかについてである。

　ここで着目されるのが「体験の仕方」である。動作療法が視点をあてている体験の仕方（体験様式）は，動作を媒介とする本法がなぜ人の生き方を変えるのかを明らかにする鍵概念といえる。中島（2012）は，体験様式のとらえ方として，認知の仕方，処理の仕方，行動の仕方の3つから成ると説明している。つまり人が対象をどう認知し，いかに対応し，いざ行動するかといった独自の反応スタイルすべてを包含したものが体験の仕方である。人の適応・不適応は，実のところ体験の仕方如何による。

　上司から納得のいかない叱責を受けた部下がいたとする。部下は叱責された事実に対してどのような体験をするだろう。部下Aは，上司の指摘を慎重に理解しようと，丁寧に質問を準備する。今，質問すべきか，場を改めるべきかと熟考したり，同僚や別の上司に相談する。一方，そんなまどろっこしいことでは腹の虫が収まらず，部下Bはその場で反論を展開する。かなりの緊張が必要となるだろう。Bの言い分がすんなり通ることは社会の中でほぼ難しい。Bは悔しさのあまり，帰宅してもからだから緊張を弛めることはない。これと違って部下Cは，叱責に対して頭が真っ白になり，力なく自分のデスクに戻る。倒れ込むように椅子に座る。頭が真っ白なので上司から指摘された内容を反すうすることもない。考えることといえば，このぶんだと次もうまくいきそうにない，これから先もさらに失敗を重ねそうだし，

自分の能力ではどうにも対処できないと夜な夜な転職サイトを調べる。

　3人の体験の仕方を比較すると，Aが最も適応的であろう。それに対して
Bは，怒りと攻撃性に満ち溢れ，過剰緊張を伴った体験の仕方である。Cは，
不可能性一色で構えも作れず回避的な脱緊張の体験の仕方であろう。Bの体
験の仕方が継続すると，過剰緊張は居坐り緊張へと収束することとなり，C
の体験の仕方がそのまま続行すると，脱緊張になってしまう。ストレッサー
への体験の仕方いかんによって，居坐り不調を自ら作ることとなる。

　さて居坐り不調に対して，動作課題を適用しクライエント自らが解消する
のが動作療法である。しかし，居坐り不調だけを解消しているわけではない。
居坐り不調を生成せざるを得ないクライエントの不適応な体験様式を変える
ことが最も重要なセラピィ要因である。過剰緊張でストレッサーに対応する
のではなく，あるいはストレッサーに腰を抜かして脱力してしまうのではな
く，セラピストの援助のもと，適度な緊張でストレッサーを受け容れながら，
動作がなめらかに安定して展開するようクライエントは取り組んでいく。動
作療法は，体験の仕方が顕在化した居坐り不調をターゲットにしながらも，
変容を図っているものはその背景にある不適応な体験の仕方である。

2）動作感・主動感の調和とこだわり体験様式

　体験の仕方には様々あるが，不適応に結びつく体験の仕方のうち，とりわ
け中核的といえるものがある。それはこだわりである。こだわりはからだの
力と直結している。分かりにくい方は，全身の力をできる限り弛めたところ
でこだわりを呈示してみていただきたい。こだわりは何でもいい。例えば，
和風の煮物にはここの出汁でないとだめというこだわりを突き通すとしよ
う。ゆったり弛んだ状態で突き通せるだろうか。とても難しいことが実感で
きる。こだわりには相当の緊張を必要とする。

　心理的不適応のほとんどはこのこだわりが関与している。先ほどの例を再
び引用すれば，上司から叱責された部下Bは，叱責に納得がいかず，眉間
にしわをよせ，「んー，どうしてなんだ，んーんー」と肩をいからせ，その

事柄にこだわっていく。顔面から肩から，あるいは両腕，握りこぶしに至るまで力を弛めることができない。家に帰っても無意識のうちに眉間へしわを寄せる力を入れている。それと比べ，こんな類の人間はストレスフルにならない。叱責された後，くるりと後ろを向き心配する同僚に向かってペロリと舌を出し苦笑する。この動作を真似てみよう。ペロリと舌を出して苦笑する時，肩を少し上げ，ストンと落としたのではないだろうか。無意識の内に肩から力を弛めつつ，同時にこだわりを捨てている。

　動作療法は，居坐り不調を通して，このこだわりに直接アクセスする。こだわらずにいきましょうとスローガンを唱えるのではなく，居坐り不調を変えていくことで，体験の仕方が現実と折り合いのついた適応的なものとなる。

3）ケースを通して体験の仕方の変容を理解する

　小学校中学年の女の子のケース（以下，D子とする）で，食べたものが喉に詰まった気がするという訴えから始まり，お母さんが食べ物に毒を入れているといって拒食が続いていた事例があった。

　筆者（以下，CPとする）が勤めていた精神科病院を受診することになり，D子の初診前に母親ひとりで来院してもらい，生育史や現病歴を聴取した。母親は嫁ぎ先の義父母との緊張関係の中でD子を懸命に育ててきたと語った。そして「この子はずっと私に気を遣ってきた。家族関係の中でいろんなことにこの子は我慢してきた。それで今，こんなことになっているんだと思います」と語った。

　翌日，母親とともに来院したD子は待合室の椅子に座っていたが，その姿勢は骨盤後傾の坐位をとり，背は丸く，腕には体側に張り付かせるような力を入れていて，肩にはいからせるような持ち上げる力を入れていた。脚は左右の両膝と大腿部をぴったり合わせ，膝を鋭角に折り下腿を座面の後方まで深く入れ込み，からだ全体に縮こまったような緊張がうかがえた。CPが語りかけても顔を上げることはなく，上目遣いでちらっと一瞬，CPを確認したら，すぐに顔をさらに深く伏せた。

D子の緊張に注意を払いながら動作療法を行っていった。前屈げ課題を行っていた時，わずかに腰まわりから緊張が弛んだとCPが分かった瞬間，D子は慌てるようにすぐに動きを止めた。自分の動作に自らブレーキをかけた印象であった。後方からの援助ではない課題が適切と思い，CPは側臥位での肩開きを行った。肩を開くよう援助を開始すると，大胸筋部位，背肩の硬さがCPに伝わってきた。小学生とは思えないほどの胸周り緊張が強く，それは今入れた緊張ではなく，慢性的に力を入れ続けたことによる居坐り緊張であろうとCPは推測した。＜ここはきついんだね。停まってみるよ。感じが変わっていくから，落ち着いてしばらく待ってみようね＞とCPが言うと，にわかにD子は弛めた。そして弛めた分すっと背中を捻った。こうしたやりとりを数回続け，D子の胸周り，背中，肩の慢性緊張を少し弛めることができた。

次に，腕挙げ課題を行った。詳細は割愛するが，CPが確認できたことは，D子の肩関節まわりから慢性的な居坐り緊張をD子が弛めたことである。慢性緊張の一部を自ら手放したといえる。D子に＜今，からだ，どうかな？＞とCPが尋ねると，D子は「よけいに，重たい」とネガティブともポジティブともとれる言葉を発した。しかしCPは，動作援助の手ごたえから，恐らく動作感の明確化による変化であり，動作療法はポジティブな影響を与えたと推測した。それと同時に自分の感じたままをCPに伝えたことは，D子にとって大きな一歩となったであろうと，初回セッションの手ごたえを感じた。

この1回のセッションの後，D子の拒食という問題は解決の方向に向かい始めた。帰宅の車中で熟睡し，家に着くとお菓子と飲み物を黙って口に入れた。数週間ぶりのことで母親はびっくりしたが，CPからD子の食に関して一喜一憂する反応を示さないよう伝えられていたので，母親は気づかないふりでやり過ごした。翌日には父親とコンビニに行き，個包装の食べ物を自ら選び，無言であっという間に平らげた。

初回セッションの3日後，D子に2回目の動作療法を実施した。その一部を示すと，腕挙げでは，腕を体側に沿って挙げていく時，少し挙げると途中

でけいれんのようなピクッとした動きが出てきた。実は初回セッションにも
ピクつきは見られたが，2回目は回数が増えた。腕の動きに戸惑い，力を思
わず入れてしまうことによるピクつきであろうと CP は受け止めた。D 子は
ピクッとなるたびにくすっと笑った。そして，ストンと力を弛めることを D
子は愉快気に続けた。慢性緊張に続いて，今ここで入れた緊張へも D 子は
対処できるようになった。

　4日後には母親の手料理を口にし，8日後には D 子が「毒のことは気にな
らなくなった」といった。拒食の問題が収まっていくと同時に，D 子の日常
に起きた変化は凄まじいものであった。母親への攻撃性が高まると同時に，
様々な不安を母親に訴えた。時には，家族間の殺す・殺されるといったテー
マもあった。一方で，今まで見せたことのない母親への素直な甘えもみせた。
この変化についても母親へ事前に CP からこうした変化が出る可能性とその
時の対応について伝えていたので，母親は落ち着いて対応した。初診から1
カ月1週間で D 子とのセラピィは終結となった。

　ケースを振り返ると，母親がインテイクで述べたように，D 子は今まで家
族内葛藤の中，自分の気持ちを表出することを我慢し，抑え込むという様式
で生きてきた。D 子の全身を縮こませている動作に，我慢と抑圧が現れてい
た。D 子が動作療法によって居坐り緊張を弛めた体験は，我慢や抑圧の体験
様式から，不安や不満そして甘えや依存を率直に母親へぶつける対応の仕方
へ転換することとなった。それは，居坐り緊張を弛めたから自由になったの
ではなく，弛める体験をすること自体が，D 子の生き方を変えた。自分から
母親に訴えることをあきらめ，ひたすら受身的で抑圧的なこれまでの生き方
から，解放的で自由な対応の仕方へと変わった。

4）自己に関する体験様式の適応的変化

　動作セッションを通して，主訴が解決をしたケースは，どのような体験の
仕方へと変容しているのか。クライエントによって表現されることの多い適
応的な体験の仕方について示す。

・自分の問題は自分で治すしかない。

・自分で自分の問題（含む身体不調）を解決する自信ができた。

・自分らしく生きていける。

・人に頼らずに何とかできる。

・視野が広がった。

・自分のペースを大事にしようと思う。以前は完璧にしようとして焦り，悩んでいた。

・他人の評価は気にしない。批判する人がいても自分の腕を上げればいいんだと思えるようになった。

　これらに共通している体験の仕方とは，自分の軸をしっかりと維持し，柔軟性を持ち，自律的に生きる適応スタイルである。クライエントが余分な緊張を弛め，重力に合わせて自己を安定的に位置づけるという動作療法の目指すものが，そっくりそのまま人の適応的な生き方に直結していることが改めて確認できよう。

　動作の不調を改善するだけで，うつ状態や身体表現性障害，被害妄想様状態などの心理的な不適応がなぜ改善するのかをまとめてみる。クライエントが自分で自分の問題をつかみ改善していくという自己治療・自己変容体験は，自分の体験様式を主体的に変えていくプロセスである。抑圧的，回避的，無力感的といった様式から，解放的で自由，自己確実，自己変容可能感，有能感を伴った様式に，クライエントの自己努力で変容することが重要なセラピィ要因となる。自己についての体験様式が実感を伴って変化するゆえに，動作療法はセラピィの進展が早い心理療法となる。

（藤吉晴美）

引用文献

藤吉晴美（2006）臨床動作法を用いた赤ちゃんへの心理援助―新たな育児支援方法の提案．
臨床心理学，6（6）：767-772.
藤吉晴美（2015）発達臨床における動作法―乳児期．ふぇにっくす，73：5-11.
中島健一（2012）高齢者動作法．誠信書房.

9

治療・援助過程の終結

　動作療法の治療・援助過程においては，まず課題1に取り組みを始め，練習も進捗して，"ここが精一杯"までがある程度楽に実現できるようになったら，それに新しい課題2を加えて2つの課題を同時に進めながら，課題1をさらに楽に実現できるようにすることと，新課題2も実現できるように工夫していく。課題2が精一杯まである程度楽にできるようになれば，それを確認した上，課題1への注意，練習を終え，課題3を新たに加えて，課題2と3という二課題の同時練習にする。こうして課題2が楽に実現できるようになったことを確認したら，課題2の練習を終え，新課題4を取り入れ，3，4の二課題で同時練習を進める。

　こうして幾つかの課題を精一杯まである程度楽に実現できるまでになるにつれて，初めのうちは，受け身で，言われたものをただひたすら実現することに専念するだけだが，それに慣れて余裕ができるにつれて，それができるか否かが自分自身の力，ないし能力だと，自分の可能性の問題として，気合いの入れ方が本気で，言わば総力を挙げて取り組むようになってくる。こうして動作の動きと主動との関係付けも理解して，うまく調和的に課題を実現できるようになり，痛みの処理に自分独自の工夫が進み，動きの幅も拡がり，幾つもの課題が自分の力で実現できるようになると，ある時期に，動作だけでなく，自分自身の能力ないし可能性について，一種の感動的な興奮が沸き起こり，それまでの小心，受け身，内向きが自信，現実的，アクティブ，行動的に変化し始める。

こうなると，何事も自分自身との現実的関係として体験するようになり，視野も拡がり，見えるもの，感じるものがより的確になり，状況に対する興味，関心も強く，理解，対応についても落ち着いて積極的になる。真面目な性格だが現実的な生活環境の言わば広場に出ることが怖くて，目立たない幕裏あるいは日陰にひっそりと暮らすことを好んだこれまでとは変化して幕外や日当たりへ出ても怖くなくなり，目立つ役割も取れるように，全体に積極的に変わって来始める。こうした様々な変化をいま一言で表現すれば，行動が"前向き"になるというのが筆者にはもっとも適した表現の言葉と思われる。

前向きになると，生活への対応に余裕ができ，自由で創造的になり，積極的に適応的になってくる。その変化はセッションごとの課題への取り組みや日常的な言動の仕方，ことに治療者への対応における"まるで人が変わった"ような変化などに顕著にみられる。

変化の始まりは課題への対応の仕方とその様子の治療者への変化からだが，そんなに変化しているのに自分の行動については，なかなか気付かないのが普通で，友人や家族たちから自分がこのところ変わった，落ち着きが出てきたとか優しくなったなどと言われてもなかなか同意しないでいるが，そのうち生活上のある出来事への対応の仕方の変化で，自分が変わったことを自分で実感するようになってくる。そのころの台詞としては「最近あまり気にならなくなりました」，「怖くなくなりました」，「以前なら必要でもやりたくなかったようなことも，いつの間にか自然にやる気になれるようになりました」などというようになってくる。治療効果が動作変化だけでなく，行動や気持ちなど心理的な変化にも表れる最初である。

また，はじめは「上司が自分を嫌っている」といっていたのに，「上司がこのごろ自分に優しくなったので，自分もよく相談に行くようになった」ので＜よかったじゃない＞といっていたところ「上司が変わったのではなくて，私が変わったんです。上司は相変わらずですが，私が変わったんです，上司がどうあろうと，私には関係ない，どうでもいいことです。私が気にならな

くなったんです」

　また，以前は周りの人なり人々が自分をどのような人間に思い，受け容れてくれているか，について，いつも気になり，気にし，変な人と思われないよう，誰にでもよい人，素敵な人物と思われたいので，そう思われるように，油断なく常時気を配っているような人だったのが，「ひと（他人）はひと（他人），自分は自分です」，「ひと（他人）がどうあろうとも，私には関係ありません。私は私で独自の存在ですから，自分を大切に，私らしく生き，振る舞うだけです」などというようになれば，いよいよ治療も終結になる。

（成瀬悟策）

索　引

▶欧字
Check List ……………………………　49

▶あ
赤ちゃん………………………………　122
悪循環…………………………………　29
アクティブ……………………………　135
あぐら坐位……………………　68, 107
ありのまま………………………………　9
歩く………………………………………　11
居坐り不調……………………………　126
意識………………………………　10, 13
　　─化………………………………　22, 42
　　─下的………………………………　13
　　─化の手続き………………………　41
　　─的な認知域………………………　13
　　─的・無意識的な抵抗……………　79
萎縮………………………………………　29
　　─の方向……………………………　41
居坐り………………………　24, 27, 124
　　─緊張……　51, 62, 66, 101, 108, 109, 126,
　　　　129, 131
　　─緊張を弛めた体験………………　132
　　─不調………………　124, 127, 129, 130
痛い………………………………………　90
痛み………　79, 84, 86, 87, 89-92, 94, 97, 101
　　─・痛み予感への抵抗……………　86
　　─感…………………………………　89
　　─恐怖………………………………　105, 106

─の意識化……………………………　102
─の消失………………………………　127
─の程度………………………………　104
─への対応・処理……………………　104
─予感への抵抗………………………　89
─を軽減・解消………………………　40
一体化……………………………………　3
一体的調和………………………………　3
意図…………………………………　20, 21
居残り…………………………………　26
いのちのある限り………………………　9
イメージ……………………………　3, 38
インテーク……………………………　48
陰の気…………………………………　41
陰の条件………………………………　41
受け身…………………………………　135
動いている感じ………………………　23
動かし方………………………………　38
動かす支点……………………………　38
"動かそう" とする主動　………………　101
動きのコース…………………………　38
動く感じ………………………………　39
後ろ向き………………………………　29
内向き…………………………………　135
うつ病…………………………………　113
腕挙げ………………　93, 97, 98, 122, 131
　　─・降ろし…………………………　53
　　─課題…………　116, 117, 121, 123, 131
　　─に伴う痛み………………………　121

産声……………………………………… 10	肩周り……………………………………… 52
生まれ出る……………………………… 10	活性化……………………………………… 62
欧米……………………………………… 3	過適応・過緊張………………………… 23
怖れ……………………………………… 82	からだに任せる………………………… 106
オッパイ探索…………………………… 10	からだの緊張…………………………… 80
思い込み………………………………… 34	軽い痛み………………………………… 101
	—への対応，処理………………… 104
▶か	我を捨てる……………………………… 106
外界の事物の探索……………………… 10	感情……………………………………… 48
外界の立体的空間……………………… 12	完全脱力………………………………… 123
解説……………………………………… 3	感動的な興奮…………………………… 135
回転の軸………………………………… 38	頑張る感じ……………………………… 23
解放・自由……………………………… 41	漢方医学………………………………… 3
カウンセリング……………………… 4, 32	気合いの入れ方………………………… 135
過緊張…………………………………… 82	緊張の処理……………………………… 23
下肢……………………………………… 50	基本課題であれ，個別課題であれ…… 51
過剰緊張…………………………… 124, 129	逆動作…………………………………… 86
過剰不適切……………………………… 29	吸綴……………………………………… 10
家族内葛藤……………………………… 132	共感………………………………… 64, 86
肩上げ・下ろし………………………… 52	—関係……………………………… 86
—課題……… 66, 67, 104-106, 108	狭窄……………………………………… 29
肩上げの支点…………………………… 37	共体験…………………………………… 86
課題……………………… 39, 79, 83, 84	協働………………………………… 25, 95
—1 …………………………… 135	共動作…………………………………… 86
—2 …………………………… 135	強度の痛みへの対応，処理…………… 105
—3 …………………………… 135	恐怖……………………………………… 81
—実現……………………………… 99	拒食……………………………………… 130
—実現過程…………………… 79, 92	筋緊張…………………………………… 80
—動作…… 63, 64, 66, 71, 76, 92, 101	緊張…… 19, 80, 83, 84, 86, 87, 89, 91, 92,
—通り………… 84, 89, 92, 94, 99	93, 95, 96, 97, 107
—通りの動き……………………… 38	—が蓄積…………………………… 26
—に対する抵抗…………………… 83	—感……………………………… 80
—の受け容れ……………… 79, 83	—の後処理………………………… 25
—動作……………………………… 92	—の処理…………………………… 27
—を説明…………………………… 108	—の積み残し……………………… 26
固い鎧…………………………………… 125	—場面……………………………… 125
肩関節…………………………………… 49	—部位……………………………… 94
肩こり……………………………… 17, 37	—をからだに横流し……………… 80
肩開き……………………………… 52, 118	空間対応………………………………… 10

躯幹……………………………………… 51
　―のひねり……………………… 84, 93
　―部…………………………………… 49
具体的・適切…………………………… 33
頸………………………………………… 49
　―左右屈げ…………………………… 53
肩甲骨上縁……………………………… 38
健康や病気……………………………… 3
現実的…………………………………… 135
　―関係………………………………… 136
現実適応………………………………… 23
現実の生活……………………………… 16
現状からの変化……………………… 79, 81
現状（に）固執……………… 81, 83, 86
原初的認知……………………………… 13
賢明な知能……………………………… 13
硬化……………………………………… 29
攻撃性…………………………………… 132
行動が"前向き"になる……………… 136
行動的…………………………………… 135
行動や気持ち…………………………… 136
コース（を）外れ……… 72, 75, 86, 102
股関節…………………………………… 50
ここが精一杯…………………………… 135
こころ……………………………… 20, 28
　―が行き届く………………………… 12
　―の構え……………………………… 111
　―の育ち……………………………… 11
　―の抵抗……………………………… 24
　―の不調…………………………… 45, 46
　―の不適応………………………… 23, 97
　―を体験……………………………… 4
五指……………………………………… 49
腰ペコ・ポコ・タテ真っ直ぐ……… 53
腰周り…………………………………… 53
五十肩…………………………………… 17
こだわり………………………… 21, 34, 129
　―体験様式…………………………… 129
骨盤後傾………………………………… 130

言葉………………………………… 3, 13
個別課題………………………………… 51

▶さ
作業……………………………………… 13
左右……………………………………… 12
三次元の枠……………………………… 12
残留緊張………………………………… 23
只管打坐………………………………… 4
自己
　―感…………………………………… 14
　―感形成……………………………… 13
　―感形成の拠り所…………………… 13
　―観察………………………………… 16
　―肯定感……………………………… 99
　―効力感…………………………… 97, 99
　―処理……………………………… 33, 99
　―制御練習…………………………… 122
　―操作………………………………… 122
　―存在感……………………………… 99
　―調整………………………………… 17
　―治療…… 47, 62, 65, 82, 89, 99, 133
　―のこころ…… 14, 19-21, 26, 27, 80-82,
　　86, 87
　―変容体験…………………………… 133
事後処理…………………………… 24, 26
四肢……………………………………… 51
四十肩…………………………………… 17
自信……………………………………… 135
姿勢………………………………… 50, 51
　―特徴………………………………… 107
持続的…………………………………… 33
自体感…………………………………… 115
自他への信頼感………………………… 99
執筆者…………………………………… 4
支点………………………………… 73, 90
自動……………………… 10, 16, 86, 91
　―感………………………………… 90, 98
自分自身の感じ………………………… 14

自分で実感‥‥‥‥‥‥‥‥‥‥ 136
自分の可能性‥‥‥‥‥‥‥‥‥ 135
社会対応‥‥‥‥‥‥‥‥‥‥‥ 13
社会的‥‥‥‥‥‥‥‥‥‥‥‥ 14
弱化の自己操作‥‥‥‥‥‥‥‥ 122
習慣‥‥‥‥‥‥‥‥‥‥‥ 13, 21
　　―化‥‥‥‥‥‥‥‥‥‥‥ 27
自由で創造的‥‥‥‥‥‥‥‥‥ 136
自由・前向き‥‥‥‥‥‥‥‥‥ 42
重力
　　―線‥‥‥‥‥‥‥‥‥‥‥ 11
　　―の線‥‥‥‥‥‥‥‥‥‥ 11
　　―を基準枠‥‥‥‥‥‥‥‥ 12
主観的な限界‥‥‥‥‥‥‥‥‥ 68
主訴‥‥‥‥‥‥‥‥‥‥‥‥‥ 44
主体的‥‥‥‥‥‥‥‥‥‥ 41, 111
　　―意欲の高揚‥‥‥‥‥‥‥ 41
主動‥‥‥‥‥ 15, 16, 20-22, 28, 39, 65, 72,
　81, 101, 105, 106, 114
　　―強化練習‥‥‥‥‥‥‥‥ 122
　　―と動作の相補‥‥‥‥‥‥ 40
　　―と動作の調整‥‥‥‥‥‥ 103
　　―を動作に合わせる‥‥‥‥ 111
　　―への気付き‥‥‥‥‥‥‥ 120
　　―への直面‥‥‥‥‥‥‥‥ 123
　　―優位‥‥‥‥‥‥‥‥ 72, 104
　　―を実感‥‥‥‥‥‥‥‥‥ 124
　　―を動作に合わせる‥‥‥‥ 107
主動感‥‥‥ 15, 16, 20, 21, 26, 27, 39, 65, 72,
　114, 119
　　―体験の強化・弱化‥‥‥‥ 122
　　―体験の強化と弱化練習‥‥‥ 122
　　―と動作感の自己調整・調和‥‥‥ 114
　　―と動作感の調整・調和‥‥ 124, 128
　　―体験の自己操作‥‥‥‥‥ 122
主・動相補‥‥‥‥‥‥‥‥‥‥ 40
上肢‥‥‥‥‥‥‥‥‥‥‥‥‥ 49
小心‥‥‥‥‥‥‥‥‥‥‥‥‥ 135
常態‥‥‥‥‥‥‥‥‥‥‥‥‥ 28

　　―化‥‥‥‥‥‥‥‥‥‥‥ 27
上体前屈（坐位）‥‥‥‥‥‥‥ 53
初回面接‥‥‥‥‥‥‥‥‥‥ 4, 44
初動‥‥‥‥‥‥‥‥‥‥‥ 64, 69
事例‥‥‥‥‥‥‥‥‥‥‥‥‥ 107
心因性の歩行障害‥‥‥‥‥‥‥ 126
新課題2‥‥‥‥‥‥‥‥‥‥‥ 135
新課題4‥‥‥‥‥‥‥‥‥‥‥ 135
身体運動‥‥‥‥‥‥‥‥‥ 20, 21
身体軸‥‥‥‥‥‥‥‥‥‥‥‥ 11
　　―を基準にしながら‥‥‥‥ 12
身体表現性障害‥‥‥‥‥‥‥‥ 133
心理
　　―クリニック‥‥‥‥‥‥‥ 32
　　―相談‥‥‥‥‥‥‥‥‥‥ 32
　　―的な変化‥‥‥‥‥‥‥‥ 136
　　―的不適応‥‥‥‥‥‥‥‥ 129
　　―療法‥‥‥‥‥‥‥ 3, 32, 133
人類‥‥‥‥‥‥‥‥‥‥‥‥‥ 9
随伴緊張‥‥‥‥‥ 23, 71, 79, 90, 92, 97
ストレス‥‥‥‥‥‥‥‥‥‥‥ 80
ストレッサー‥‥‥‥‥‥‥ 127, 129
精一杯‥‥‥‥‥‥ 62, 66, 68, 73, 74, 135
　　―の大歓声‥‥‥‥‥‥‥‥ 10
　　―まで‥‥‥‥‥‥‥‥‥‥ 76
生活適応の停滞‥‥‥‥‥‥‥‥ 29
生活適応不全‥‥‥‥‥‥‥ 20, 29
生活場面‥‥‥‥‥‥‥‥‥‥‥ 19
　　―の不適応‥‥‥‥‥‥‥‥ 21
精神科病院‥‥‥‥‥‥‥‥‥‥ 32
成長‥‥‥‥‥‥‥‥‥‥‥‥‥ 11
生命維持‥‥‥‥‥‥‥‥‥‥‥ 10
生命活動‥‥‥‥‥‥ 19, 28, 41, 114
　　―の表れ‥‥‥‥‥‥‥‥‥ 11
　　―の賦活・活性化‥‥‥‥‥ 41
　　―は停滞‥‥‥‥‥‥‥‥‥ 41
生命体‥‥‥‥‥‥‥‥‥‥‥‥ 9
清明な意識‥‥‥‥‥‥‥‥‥‥ 13
生命力‥‥‥‥‥‥‥‥‥‥‥‥ 122

生理的な装置······························· 9
脊柱寄りの点····························· 38
積極的に適応的·························· 136
背中··· 49
セラピストへの抵抗···················· 85
前意識·· 13
　―的·· 10
前後··· 12
禅定··· 4
前腕··· 49
相互調和的な活動························· 3
創造的······························· 41, 42
総力··· 135
側臥位での肩開き······················ 131

▶た
対応に余裕ができ······················ 136
対応の失敗································· 26
退化··· 29
体験··· 19
　―過程····································· 19
　―処理····································· 19
　―の仕方····· 61, 83, 85, 87, 99, 128, 129
　―の仕方の変容························ 130
　―様式····································· 133
　―様式の適応的変化··················· 132
退行··· 29
体軸······························· 11, 64, 107
　―通りの姿勢··························· 12
　―治し課題······························ 117
胎児を生み出す···························· 10
対人的·· 14
大地上の定位置··························· 12
高さ··· 12
他者対応····································· 14
脱緊張····································· 125
　―の居坐り······························ 125
タテ
　―に立位を保てる······················ 12

　―の基準線······························ 11
　―の力軸································· 12
　―の力の線······························ 13
　―真っ直ぐ（に立てる）··· 12, 68, 69, 73
他動··· 91
　―補助····································· 69
力の入れ方································· 38
力の根源······································ 9
知性化·· 22
知能··· 13
中程度の痛みへの対応，処理········· 105
調整··································· 17, 40
　―不全····································· 17
調和··· 25
　―化··· 3
　―的······························· 16, 17, 40
　―的に調整······························ 17
　―を図る································· 33
治療
　―課題············· 4, 23, 25, 62, 63, 65, 99
　―・援助過程··························· 135
　―効果····································· 136
　―終結······································· 4
　―体験··························· 83, 108, 111
追尾··· 10
強い痛み··································· 102
腕挙げ課題································· 120
定位置·· 11
抵抗··········· 28, 79-86, 89, 90, 92, 97, 99
　―の仕方································· 91
提唱··· 3
適応··· 53
　―障害····································· 119
　―スタイル······························ 133
適応的·· 26
　―な生き方······················· 83, 133
　―な体験の仕方························ 132
適応努力····································· 22
適応を強化································· 34

手首……………………………… 49
手のひら………………………… 49
転倒……………………………… 12
動作………………… 20, 28, 39, 65, 72
　　―援助…………………………… 81
　　―課題…………………………… 51, 91
　　―過程を促進…………………… 40
　　―が始まる……………………… 39
　　―体験…………………………… 111
　　―テスト………………………… 93
　　―特徴…………………… 83, 107
　　―における抵抗………………… 79
　　―による体験の仕方…………… 61
　　―のこころ……… 13, 14, 20, 21, 26, 27,
　　　80-82, 86, 87, 99
　　―の仕方……… 82, 83, 85, 88, 93, 111
　　―の精一杯……………………… 106
　　―の不調………………… 45, 48, 80, 97
　　―パターン……………………… 4
　　―変化…………………………… 136
　　―面接………………………… 61, 63
　　―を無視・圧倒………………… 17
動作感………… 16, 20-22, 26, 28, 39, 64, 65,
　72, 89, 90, 92, 98, 109, 114-117
　　―・主動感の調和……………… 129
　　―の意識化……………………… 39
　　―の明確化………………… 117, 131
　　―優位の体験…………………… 121
動作不調……… 16, 20, 39, 44, 45, 51, 62,
　65, 68, 81, 82
　　―に介入………………………… 40
　　―の軽減・解消………………… 40
　　―を解消………………………… 39
動作療法……… 4, 62, 63, 65, 79, 80, 82, 83,
　85, 89, 90, 107, 124, 132, 133
　　―と動作感……………………… 120
　　―の奥深さ……………………… 4
東洋……………………………… 3
独特の体感……………………… 11

努力……………………………… 20
　　―の仕方……………… 21, 83, 93, 97, 99
鈍化……………………………… 28

▶な
難所……………………………… 90
二課題の同時練習……………… 135
日常生活場面…………………… 20
認知枠…………………………… 12
猫背……………………………… 118
ネズミ…………………………… 9
能動……………………………… 41
　　―で自由………………………… 41

▶は
排泄……………………………… 10
発達……………………………… 11
被害妄想様状態………………… 133
引きこもり……………………… 34
膝立ち姿勢……………………… 50
膝前出し・伸ばし……………… 93
肘……………………………………49
　　―関節…………………………… 49
左腕挙げ………………………… 93, 98
左回り…………………………… 38
ぴったり合わせる……………… 107
独り立ち………………………… 11
不安……………………………… 82
賦活・活性化………………… 41, 42
不活性化…………………… 25-28, 62
　　―状態………………………… 26, 27
不調……………………………… 20
　　―和………………………… 21, 102
不適応………………………… 20, 128
　　―状態…………………………… 79
　　―努力…………………………… 22
　　―不全…………………………… 28
不適切な緊張…………………… 28
負のお守り……………………… 81

文化的生活…………………………… 14
文化への適応…………………………… 13
分担執筆………………………………… 4
ペコ・ポコ・タテ真っすぐ立て… 117, 118
変化………………………………… 136
　—恐怖…………………………… 86, 91
　—抵抗…………………………… 91
　—の始まり……………………… 136
　—への抵抗……………………… 86
歩行………………………………… 50
　—という移動…………………… 12
母体………………………………… 10

▶ま
マイナス介入…………………… 28, 29
前屈げ…………………………… 87, 93
　—課題……………………………… 131
前向き…………………………… 41
慢性……………………………… 28
　—化…………………………… 24, 26
　—化常態化……………………… 27
　—緊張……23, 25, 81, 82, 107, 116, 119, 121
　—緊張が常態化………………… 27, 41
右腕挙げ………………………… 93, 94
右肩甲骨………………………… 38
ミミズ…………………………… 9
無意識化………………………… 28
無意識的………………………… 13
　—な抵抗………………………… 81

　—な動作………………………… 90
瞑想……………………………… 4
文字……………………………… 13
森田療法………………………… 4
問診票………………………… 43, 54
　—解説…………………………… 55

▶や
弛める…………………………… 21
腰痛……………………………… 17
陽の気…………………………… 41
抑圧……………………………… 132
　—の体験様式…………………… 132
予期恐怖………………………… 89
横流しのパターン……………… 80
予期不安……………………… 91, 97

▶ら
理解……………………………… 38
立位……………………………… 11
　—姿勢………………………… 50, 107
　—膝前屈げ出し………………… 60
立体的な空間…………………… 12
立体的な認知の基準枠…………… 12
両足の中央点…………………… 11
両こころが一致調和……………… 21
歴史……………………………… 13
論理的な思考…………………… 3

■執筆者紹介（執筆順）

土居隆子（どい・たかこ）
おふぃす どい主宰，元活水女子大学教授，臨床心理士（登録番号3081号），臨床動作学講師（登録番号20号），臨床動作士（登録番号50号），心理リハビリテイションスーパーバイザー（49号）

錦織恭子（にしこり・きょうこ）
漢方女性クリニックmio院長，ミオファティリティクリニック女性外来部長，日本精神神経学会専門医，日本産科婦人科学会専門医，日本心身医学会婦人科専門医，臨床動作士（登録番号84号）

吉川昌子（よしかわ・しょうこ）
中村学園大学教育学部教授，臨床心理士（登録番号694号），臨床動作士（登録番号130号），心理リハビリテイションスーパーバイザー（96号），特別支援教育士スーパーバイザー（SV10-011），公認心理師（第17484号）

中尾みどり（なかお・みどり）
金剛こころの健康研究所主宰，臨床心理士（登録番号407号），臨床動作学講師（登録番号29号），臨床動作士（登録番号60号）

大島英世（おおしま・えいせい）
志學館大学准教授，臨床心理士（登録番号11365号），臨床動作学講師（登録番号32号），臨床動作士（登録番号62号）

藤吉晴美（ふじよし・はるみ）
吉備国際大学心理学部教授，臨床心理士（登録番号8791号），臨床動作学講師（登録番号21号），臨床動作士（登録番号51号）

■編著者略歴
成瀬悟策（なるせ・ごさく）
1924 年，岐阜県に生まれる。1950 年，東京文理科大学心理学科卒業，医学博士。
九州大学教授を経て，九州女子大学・九州女子短期大学学長，吉備国際大学教
授歴任。日本催眠医学心理学会理事長，日本心理臨床学会理事長，日本リハビ
リテイション心理学会理事長，歴任。2001 年勲二等瑞宝章受章。現在，九州大
学名誉教授，国際臨床動作学研究所所長，日本臨床動作学会名誉会長，臨床心
理士。
著者に『リラクセーション―緊張を自分で弛める法』（講談社），『動作療法―まっ
たく新しい心理治療の理論と方法』，『からだとこころ―身体性の臨床心理』（誠
信書房）などがある。

動作療法の治療過程

2019 年 6 月 10 日　印刷
2019 年 6 月 20 日　発行

編著者　成瀬　悟策

発行者　立石　正信

装丁　原田光丞

株式会社　金剛出版
〒 112-0005　東京都文京区水道 1-5-16
電話 03（3815）6661（代）
FAX03（3818）6848
印刷・製本　太平印刷社

ISBN978-4-7724-1694-8　C3011　　　　　　Printed in Japan ©2019

目で見る動作法
初級編

成瀬悟策 [監修]
はかた動作法研究会 [編]

● B5判　● 上製　● 136頁　● 本体 5,000円+税

ベテランセラピストによる実演 DVD 付